光文社知恵の森文庫

鈴木隆祐

東京B級グルメ放浪記

知られざる名店を探せ！

光文社

本書は知恵の森文庫のために書下ろされました。

はじめに

「B級グルメ本の決定版を書いてほしい」――編集者の一言で本書の企画が立ち上がってからというもの、半年間は外食三昧《ざんまい》を自らに徹底して課した。多くの取材に同行してくれたカメラマンの明石雄介をはじめ、時に友人たちを「胃袋部隊」と称して誘い出し、かたじけないことに概《おおむ》ね割り勘で、なんとか一晩につき1エリア4軒、5軒と食べ歩いた。たまに大阪や福岡、札幌など、うまいものの多い街に取材に行くと、決まって夜はハシゴ酒ならぬハシゴ食いをするが、これがほぼ毎晩続くのである。ずいぶん胃薬の世話にもなり、黒烏龍茶も欠かせない携行品となった。

といっても、ぼくは食専門のライターではない。長い経験の中で食がテーマの取材はいくつかこなしてきたが、牛肉などの食の安全とか有名メーカーの定番商品開発秘話などのルポ的なものが主体で、雑誌などのグルメ記事をきちんと書いたことはなかった。

が、本来が花より団子の食い意地の張った性格、かつ一人身ゆえの気楽さで、プライベートでは、評判を聞いてはあちこちの店を食べ歩いてきた。といっても、印税生活ができるほどの身分ではないため、向かうのはもっぱらB級と言われるお店。気がついたら、東京におけるB級グルメの名店と言われるお店のほとんどに行っていた。そんな話をもつ焼き屋で編集者にしたことから、冒頭の依頼を受けることになったわけである。

しかし、やはり楽しみを仕事にしてはならない。本書の執筆のため、新店はもちろんのこと、過去に行ってご無沙汰している店も改めて回ろうとした結果、ただでさえ、中年太り気味の上に10キロ増。たちまちズボンのサイズが合わなくなった。高じて、いささか自律神経失調の嫌いが出たこともある。まあ、そんな苦労話を今からこぼしても仕方ないが。

食に関するエッセイでも一流だった、戦前戦後の東宝を代表する映画監督の山本嘉次郎は、「高くてうまいは当たり前」と、リーズナブルな大衆の美味にこだわり、その点で作家の池波正太郎にも相通ずる面があった。そんな山本が『たべあるき東京横浜鎌倉地図』（1972年、昭文社）で提唱した「安くてうまいものを食うコツ」は今も、

なるほどもっともと思わされるところがある。曰く……、

1になるべく古い店、2にしかも古い建築の店、3として建築は古くても掃除が行き届き、4は女の客が多いこと、5に旺盛な食欲を持つとのこと。

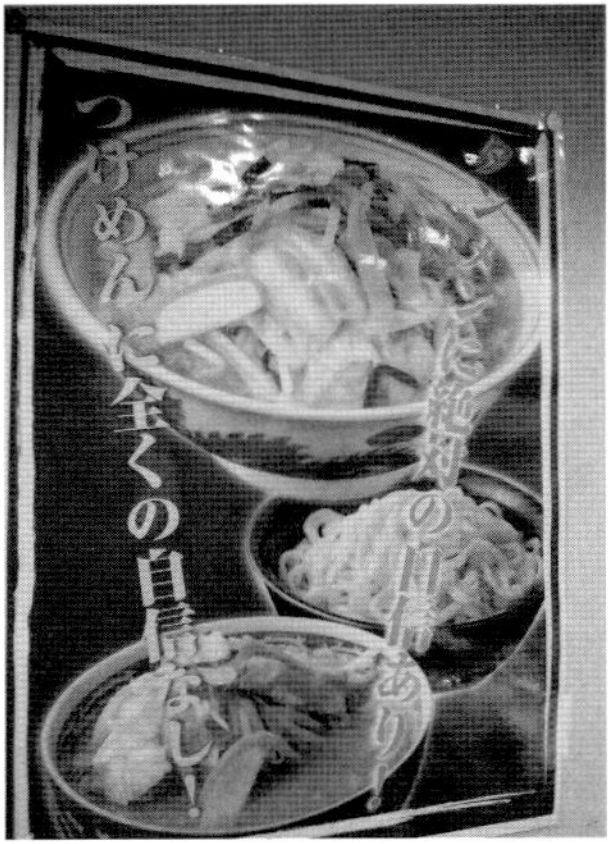

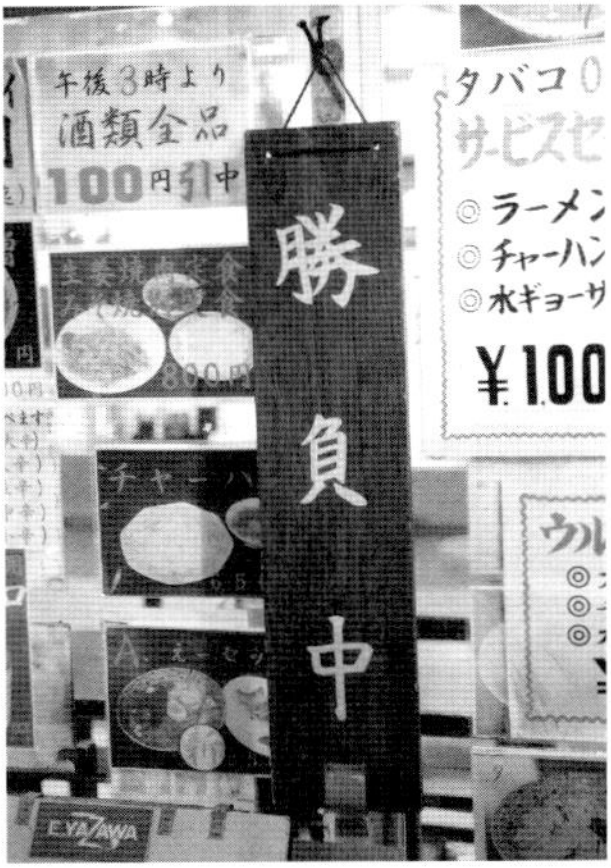

1と2についていうと、古い店ならば店の土地も建物も自前の場合が多く、新しいビルなどにできた店より地代もかからず、そのぶん料理も安く提供できる、ということだろう。

3についていうと、最近でこそ、テレビの「とんねるずのみなさんのおかげでした」の人気コーナー「きたなトラン」(当初の企画名は「きたなシュラン」)で、見た目は汚いけど料理の美味しい店が取り上げられるが、そういうケースがあるにしても、やはり清潔かつ美味しいに越したことはない。

まあ、5は当然として、気になるのが4である。

　Ｂ級グルメ——本書では略して「Ｂグル」と呼ぶことにしよう——とは、男だけにわかる「孤独のグルメ」だという意見もある。実際、企画の段階で、本書の編集担当（男女２人いて男のほう）は、「いかにも女性が好みそうなカフェめしとか、『ご飯は玄米か雑穀米から選べます』みたいなお店は取り上げないで欲しい」と注文をつけてきた。

　たしかに、彼の言わんとすることも分からなくもない。だが、ぼくの心中にはいささか異論が芽生えていた。いまの時代に一人メシは男だけの〝特権〟ではない。女性も同じように一人で夕ご飯を食べることもある。

定食

実際、私の家の近所の「松屋」では、深夜一人黙々と牛丼をかき込む〝働きマン〟的女子を見かける。すると、気の毒なような頼もしいような、甘苦い感情が立ち上ってくる。Bグルの定義にもいろいろあろうが、まずはこの〝孤食〟が原点という気がする。この孤独を、安くて美味しいものを食べることを通してなんとか日々の楽しみにすり替えようという、そのことが本書の裏テーマになっているような気がする。

そう思いながらも、ぼくはまだ迷っていた。Bグルとは、価格帯なのか、メガ盛りなどを含むガッツリ系か、いわゆるディープな雰囲気重視か……。ええい、面倒だ、とばかりに、本書ではそれらを総合して店選択をしてみた。果たしてこれがスタンダードたりうるかと問われれば、それは僕の個人的な考えでしかない。

店を選ぶに際して、いくつか縛りをもうけた。まず、山本の『たべあるき……』で東京の郊外育ちのぼくの憧れをかき立てた横浜のうまいもの屋は、本書ではほとんど登場しない。ぼくが右往左往しながら、何とかへばりついて生きている東京の街に限って、今回は取り上げてみた。

なお、長年根づいているものは別として、地域おこしの一環で新たに生み出されたご当地モノにもほぼ触れていない。それは、かつて文藝春秋の名編集者で、自身でも食に関する著作をいくつも残した、Bグル本の生みの親である故里見真三の言うところの「そこいらへんにある普通の食い物を楽しく賞味しよう」精神と大いに異なる気がするからだ。

さらには、焼きとんや煮込みなどが美味しい「飲み屋」も、酒好きのぼくは後ろ髪引かれつつすべて排した。タイやベトナムなどのエスニック系も、Bグル本には欠かせないはずのラーメン、カレー専門店、お好み焼き屋の類もほぼ切って捨てた。代わって浮上させたのが、めまぐるしい時代の変化の中で頑張っている昔ながらの洋食屋、街場の中華屋、そして、平成の世でも存在感を示す一部の大衆食堂の類である。

そして、実はこれが一番重要な基準かもしれないが、一品の値段はあくまで1000円以下にこだわった。サラリーマンが昼食に奮発する額はこれくらいだろう、という判断からである。

能書きが長くなってしまった。さあ、これから、財布に野口英世を数枚だけ確保して、東京の安ウマ旅に出発することにしよう。

著者記す

2011年馬肥ゆる秋

2011年　著者近影
（JR神田駅前にて「うお幸」の弁当を食す）

東京B級グルメ放浪記

目次

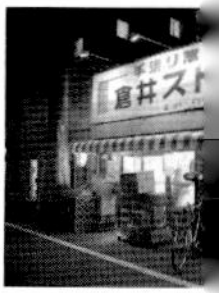

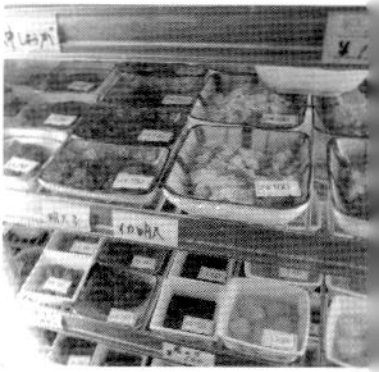

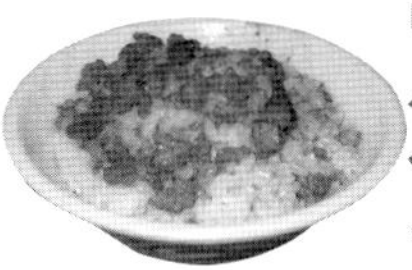

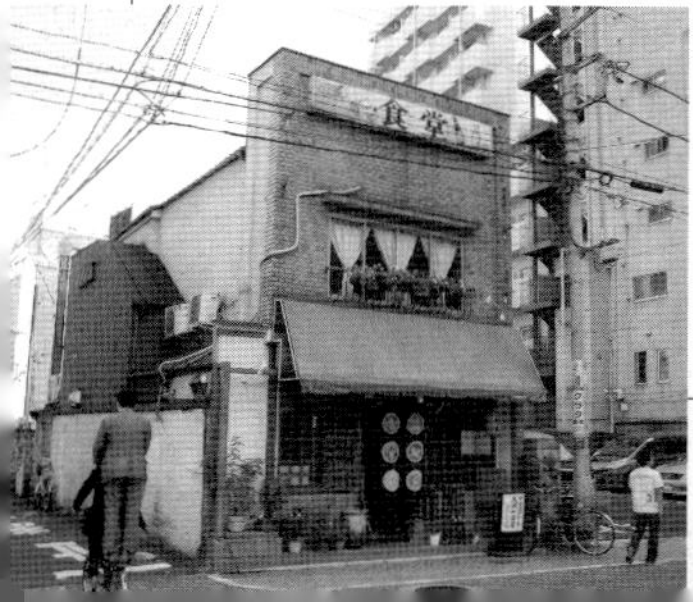

食堂

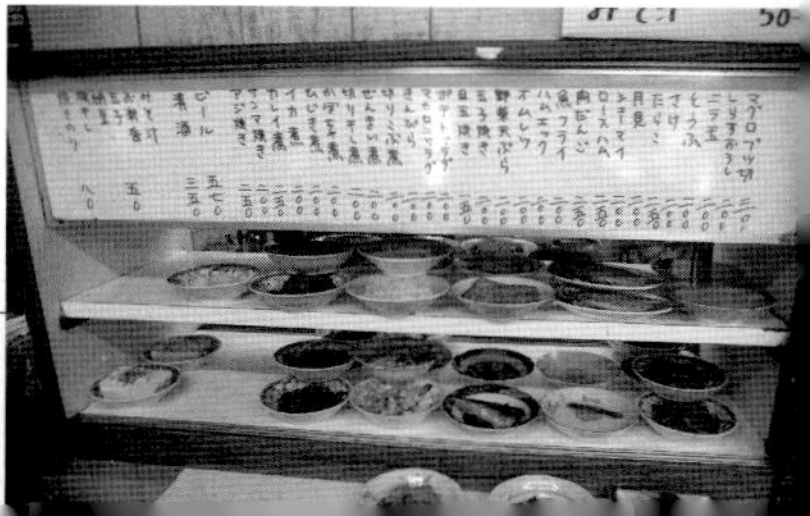

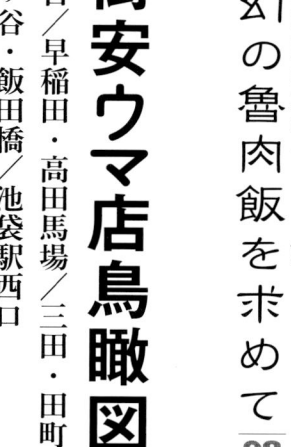

東京B級グルメ放浪記

目次

本書内で紹介しております飲食店のデータは、すべて取材当時のものです。
店名や価格など執筆後に変更されている可能性がありますが、ご了承くださいませ。

写真／明石雄介
地図作成／長岡伸行
本文レイアウト／宮崎貴宏

ひとりで満腹、ふたりでほっこり

愛しの街中キッチン

作り手の顔の見える場所で食事をする安らぎ。それを最大限に与えてくれるのが街の洋食屋だ。料理を通じて伝えられた愛情に、度々リピートすることで客は応えていく

ブルドック（大井町）

ラブラブな相手がいてもいなくても、
オムライスのケチャップでハートを一
筆書きされると、幸せ気分になる

Bグル洋食は人生の潤滑油

洋食という言葉を辞書で引けば、「西洋風の食事。西洋料理」とある(『大辞林』)。だが、〝日本で発達した西洋風の料理〟という狭義の解釈のほうが一般的だろう。

しかし、様々な西洋料理をイメージすると、日本風の洋食がいかにオリジナルの存在かがわかる。代表的なものはとんかつやオムライス、それにカレーライスだが、世界のどこに行っても、とんかつ風の料理はあってもそのものはない。ポテトコロッケも同じだ。ドリアなど、生みの親もわかっている(横浜のホテルニューグランド初代総料理長のサリー・ワイル)。

この日本で極められた洋食は、潜在的に高級化する志向がある。よい材料を使って、より本格的にフレンチやイタリアン風に作れば、下ごしらえなどに手間ひまがかかり原価も跳ね上がる。そうなると当然、「メニューは1000円以下」のBグル価格のハードルを超えてしまう。これが、炒め物中心の街場中華に比べて、街場洋食の店数の少なさにつながっている。

ぼくは独身なので、基本外食である。たまに家で料理を作ることもあるが、炒め物などが中心で、揚げ物など面倒なものはほとんど作らない。だから、炒め物ではない、揚げ物からくる油分を身体が欲しがる時は、とんかつ屋や洋食屋に入る。

それに加えてぼくは、グラタンやオムレツなどをつまみに一杯やるのが好きだ。小料理屋で小松菜のおひたしや里芋の煮たのをつつくのよりも、である。だから、40代半ばの平均的な男性よりも、洋食が好きと言えるかもしれない（一応コレステロール値は気にしているが）。

そのため、街で何か食べようと思った時、真っ先に洋食屋に目が向く。しかし、先に述べた理由で、中華のBグル店はすぐに見つかるが、洋食のBグル店はなかなか見つからない。最近はスマホを持ち歩いているので、初めての街を訪れた時は、街の名前に「洋食」と打ち込んで検索をするのだが、やはり中華に比べて、ヒットする件数は少ない。あゝ今すぐハンバーグが、メンチカツが食べたいのに、である。

本章で紹介するのは、そんな安くて美味しくて雰囲気のいい洋食店を渇望するぼくが、足で探してきたお店ばかりである。これらのお店で定期的に〝給油〟してきたおかげで、ぼくは日々それなりに健康で楽しく暮らせているのである。

地元に根づいた実直な洋風大衆食堂◇実用洋食 七福

都営大江戸線清澄白河駅から徒歩5分ほど、清洲橋通りと三ツ目通りの交差点に面した見事な佇《たたず》まいの店がある。大きな看板にデカデカと書かれた『**実用洋食 七福**』の文字。店頭にはショウケース、白い暖簾は和食屋風、中に入れば完全に大衆食堂の様相という、かなりカオティックな店だ。

実際、メニューは和洋中なんでもござれで、まったくの純洋食屋とは見なしがたい。看板の電話番号もまだ市内局番が3桁のまま（都内では1991年に一斉に局番4桁になったはず）。

しかし、実用洋食とはなんぞや？ 他と比較し、自らを実用に値すると標《ひょう》榜《ぼう》する以上、開店当時の一般的洋食に対するアンチテーゼを、この言葉は含

いつも心に実用を。この本も七福くらい、みなさんのお役に立てるといいですが

盛りだくさんな七福ランチ（810円）

んでいる気がする。

この店の創業は1967（昭和42）年だというから、ぼくより1つ下。高度経済成長の只中、洋食を食べる習慣が全国に広まり、ハンバーグなど人気メニューのスタンダード化が進んだ時期だ。そうした中で、品数的にも量的にも、下町の人々の要求に応え、存分な満足を与えようという強い自負をその言葉から感ずる。

店内の壁を覆う品札の多さに驚かされるが、中でもお薦めの料理が書かれた黒板に釘付けになった。ブリの煮付け450円。お値打ちじゃないかと、まずはそれを頼む。壁のグランドメニューの餃子（390円）も気になってオーダー。

卓上にはゆかりとごま塩が置かれているから、定食のおかずを半分ビールのつまみにしても飯を持て余す心配はなさそうだ。レバソテーがあるなあ、カニコロッケも。生姜焼きじゃなくて〈ポークジンジャー〉か。オムレツは430円だから、具入りかも。しかし、ここは店名を冠した七福ランチ（810円）だろう。洋食の〝実用〟ぶりを堪能しようと思いながら、つい中華も和食も注文してしまった。

ブリは想像以上に大きく、適度に脂が乗っている。餃子も大ぶりできれいな焼き目が入っている。一口齧《かじ》ると、ひき肉がぎっしり詰まっていて実直な味わい。他の中華メニューも試してみたくなった。

そして、七福ランチが登場。エビフライ、肉天、メンチ、ハム、つけ合わせのナポリタンに生野菜、それにご飯と味噌汁。いやはや……、これだけで充分でした。豚の肉天には醤油かソースをかけてもいいが、メンチに大量にかかったデミグラソース（ほんのりカレー風味で酸味が強く、独特）を絡めるのもいい。ハムで口内を冷まし、またフライに齧りつく。これを繰り返す。飯の盛りは気前よく、汁も熱々。〝七色の口福〟なんて大袈裟なお世辞はともかく、ただ食えってことですよ。

見渡すと、客の多くが頼んでいるのがポークソテー。これがすごい厚みで、ギラギ

店内はどう見ても大衆食堂。ここでいただく「実用的」な洋食とは？

ラとした照りをまとって実にうまそう。これは次回訪問の際に是非注文したい。

　実用的に満たされた腹をさすりつつ「七福」を出ると、清洲橋通り側の向かいに、かつて社会党委員長の浅沼稲次郎が住んでいた同潤会清砂通アパートメントが立っていたことを思い出した。今は高層マンションに取って代わり、その周囲にも高い建物ばかり。その中で、「七福」がたった一軒取り残されたようで、まるでＶ・Ｌ・バートンの絵本の傑作『ちいさいおうち』状態だ。

　しかし、「七福」は周りのバベルの塔が立ち枯れて世界が終末を迎えても、宇宙人相手にまだ商売していそうな、太い七色のスペクトルを放散している。ぼくはたびたび振り返っては、遠ざかる「七福」からその光明を微かに見た。虚飾は潰《つい》えても、実用は死なず、である。

銀座では貴重な
カウンター洋食店
はと屋

銀座ナイン２号館Ｂ１にある。ワンプレートのセット物は、見た目が楽しい。どっさりナポリタンとフライの組み合わせは、カップで型を取ったライスもついて食べごたえ充分！

「七福」と肩を並べる
白河の誠実派
洋食・中華 ことぶき

下町の昭和の粋が窺える端正なつくりの店内。和洋中バランスよく定番メニューを揃える。向かいに座ったタクシーの運転手さんはサンマ定食を注文。オムライスは癒し系のうまさ！

京成沿線さんぽで
肉気分な時には
やまぐちさん

〝Ｂグルのエアポケット〟の青砥で、肉メニューに力を入れる。鉄板上で肉と野菜がうなりを上げるポークスタミナ定食（892円）は、甘辛ニンニクの濃いタレが絡み、中央の卵を崩して食べる

池袋で独特の
ブタ焼きを
BOOMIN

若い主人が丹誠込めて豚料理を作るカウンターのみの店。ランチ営業は休止してしまったが、Ｂグル味溢れるブタ焼きは健在だ。女性一人でも、ワインを傾けながら気軽に食事ができる

ミディアムでもレアでも自分次第な「ポパイ」のセルフステーキ

全国でも立ち食いステーキ
はここだけ？
ステーキカウンター ポパイ

かつて錦糸町と大森にもあった「デンバー」。名は変わってもシステムは同様で、セルフでステーキを焼く。火加減を気にかけつつも立って肉を食らうという行為自体に野性が呼び覚まされ…はしないか

店名はヘンだが
コスパ最高の本格派
ハーイ・ハニー

池袋の専門学校が居並ぶエリアにポツンとある。安くてボリュームもあり美味しく、盛りつけも個性的。漫喫並みに漫画が置いてあり、アイドルタイムにはのんびりするのも可能だ

名物〝コロペット〟は
ここの登録商標
佛蘭西料理 ネスパ

コロペットは、エバミルクで作った白ソースを肉やエビなど厳選素材で包んで揚げたもの。数々の老舗洋食屋が並ぶ人形町の中で比較的新しいお店だが、大阪での創業自体は1949年とかなりの古株

家そのものが
洋食屋
築地 蜂の子

一見民家のようだが、中はシックで厳かな雰囲気。デミグラスソースでレバーを炒める独特なレバヤサイはクセになる（再開発のため、2012年9月まで休業）

一軒屋の台所で
ハンバーグのみ提供
小古食堂

ご夫婦（奥さんが快活）のもてなしが最高。メニューはハンバーグライスのみだが、ワインも取り揃え、つまみも出してくれる。季節によって味噌汁がシチューになるなど飽きさせない

白金の昭和初期の
商家で洋食を
ハチロー

かつては渋谷や新宿にもあった親族経営の店で、大森とここのみ残る。家庭的な味もメニューも似通う。昼はランチALL700円と破格だが、メニューに「夜はボリューム・価格とも違う」と明記！

ちょっとウェルダンなハチローのポークソテーは、ソースもサラダも家庭的

飯の友となる洋食屋のオムレツとは？◇ふくのや

言うまでもなく、オムレツは洋食の基本である。焦がさず固くせず、ふんわりとした食感が得られるよう、溶き卵を混ぜすぎない。バターを適度に敷き、フライパンをトントン小刻みに揺すって成形し、火加減も段階的に調節する。大変に技術のいる料理なのだ。

オムレツをおかずに米の飯が食いたい！　だが、プレーンオムレツに相性ぴったりなのはパンのほう。卵料理でしっかり飯が食いたい欲求をどう満たそうか。

ご飯に合うオムレツは、何かを混ぜたり入れたりしないと、なかなか成立しない。パスタ同様に明太子や納豆がここでも活躍する所以《ゆえん》である。

下町（蒲田や大森なども含む）には伝統的に卵料理を尊ぶ傾向がある。おそらく卵が珍重されていた頃のなごりだろう。大衆食堂や、立ち食いそば屋兼飲み屋の多くにオムレツがあるのだ。同様に、下町の洋食店にはピカタが多い。

少なくとも自分の知る限り、ご飯のおかずになるオムレツの筆頭は神田錦町の**「ふくのや」**である。自己主張の乏しいタバコ屋のような外観は、いたって目立たない。営業時間は少し前まで朝8時からと、朝食にも利用できた（現在は11時から）。客の多くは名物のオムメン（オムレツメンチ800円）を頼む。このコンビネーションが見事だ。

ここのオムレツには、鶏肉が惜しげもなく投入されている。ザクザク大きめの玉ねぎみじん切りがそこに絡む。〝ふんわりとろとろ〟と謳《うた》いながらスカスカのオムレツがよくある中、ここのオムこそ真のふわとろ。推定3個使用の卵の存在感はずっしり重い。オムライスにはケチャップがかかるが、こちらのソースは軽く調整してあり、そこにも玉ねぎを感じる。さらにサクッとしたメンチの肉感、その脂気と甘さがえも言われぬ味わい。せん切りキャベツにポテトサラダが隅に添えられ、まさに口直し。

ある日、夜の6時半頃に入ると、家に帰れば奥方の手料理が待っているはずの中年サラリーマン数人が、黙々とオムメンを食べている。これから残業が待ち受けているのだろうか。腹が減っては戦《いくさ》はできぬ。そんな企業戦士の胃袋を朝昼晩と支えながら、家族5人（両親に息子2人と一方の奥さん）が仲よく働くこの店も育ってきたのだろう。

卵料理が自慢・異色の洋食屋

卵の中に具が入り、
白ごはんというオムライス
豊ちゃん

築地市場場内のBグル度で光る店ならここ。クリスピーなフライ系が美味しく、オムハヤシも名品。白飯に迫力のあるミートオムレツが乗り、濃厚なハヤシソースがどっさりかかる

東銀座のお菓子のような
オムライス
YOU

ここのオムライスは究極のふわトロ。歌舞伎座の建て替えに伴い、ジョン・レノンがお茶したことで有名な喫茶店「樹の花」のある通りに移転した

京橋の夜で割烹の
昼洋食が評判
浮舟

ここのチキンライスはチキンとケチャップ飯が別々に分けられ、オムレツもトッピングされるという変わり種。しかし、ここではそのチキンがふんだんに入ったオムレツ自体を頼むべし！

これにライスがつく
「浮舟」のオムレツ定食（700円）

「キッチン南海」の甘酢あんかけチャーハン（850円）

数ある姉妹店の中
異端児のオムライス

キッチン南海 武蔵関店

西武新宿線沿線には南海が多いが、武蔵関店はひたすら我が道をゆく。南海独特の黒いカレーではなく、黄色くフルーティーなカレーを提供する。甘酢あんかけチャーハンも美味

恵比寿の
牛タン乗せオムライス

チャモロ

この店の様々なオムライスメニューの中でも1500円と値は張るが、なんせ見た目がリッチなので、思い切って牛タン乗せを頼む。和テイストの風味が美味

「ソルタナ」のBランチ（ハンバーグとカニコロッケ）600円

〝スパゲティピカタ〟は
代々木名物？

ソルタナ

サービスランチAはなんとワンコイン！　ピカタを〝ポークミラネーズ〟と呼び、それをナポリタンに乗せると〝スパゲティピカタ〟というメニューになる

幼心に刻まれたアメリカの豊かさが…◇オオタニ

ぼくが物心ついた頃、ファミレスは台頭期にあって、「マクドナルド」と同じく物珍しい存在だった。特に、本国アメリカのスタイルそのままの「デニーズ」のメニューは新鮮で、近所にできたのを喜んだものだ。提携元のイトーヨーカドーが独自の和製デニーズを発展させるまで、「ウェンディーズ」や「バーガーキング」同様、そこではいかにもアメリカンなハンバーガーが食べられた。

アメリカのファミレスは、大衆食堂＝ダイナーで好まれてきた食事を小ぎれいにパッケージし直したものだ。ハリウッド映画を見てはその量と色感に圧倒されていたベーコンエッグ、ワッフル、ソーセージなどでてんこ盛りの朝飯、うずたかく積み上げたマッシュポテト添えのスペアリブ……。初期デニーズもそんな映像で刷り込まれたアメリカの空気を味わえる場所だった。空間設計も本国そのものであるため非日常的で、子どもにとってはちょっと晴れがましい場所だったのだ。

板橋・大山の**「オオタニ」**を訪ねて、ぼくはファミレスの創成期を思い出していた。

オオタニの店内に毎冬飾られる、巨大なクリスマスツリーは、
家族団らんのひとときを見事に演出してくれる

洗練された洋食、広々とした店内、ハレの日気分をかき立てるお薦めメニュー、何もかもがあの頃体験した外食の喜びを今も感じることのできるお店だ。

訪れた時期は暮れで、華麗にデコレートされた巨大なクリスマスツリーが飾られていた。街道沿いに古きよきアメリカが出現、といった感にたちまち興奮させられた。

メニューもクラシックである。王道のステーキ、エビフライ、ふっくらしたハンバーグ……。写真を見ると、どれもどっしりとして食べでがありそうだ。「サラダがいっぱい」と添え書きされた〈ポークソテーポリネシアン〉に

フランス風スパゲッティは、ケチャップなしのナポリタン?
つけ合わせのコールスローが美味

心惹かれたが、大いに呻吟《しんぎん》した末、お薦めのうちの若鶏のチキンソテー(1000円)と、ネーミングに釣られてスパゲッティふらんす風(900円)を頼んだ。ワインリストを見ると、かなりの高級品まで数多く揃えている。ここはビールじゃないなと、グラスの白を注文。ごちそう気分がいやがうえにも高まる。

しばし待つと、まず〈ふらんす風〉が先にテーブルに運ばれる。ベーコンやマッシュルームの入った、いわばケチャップ抜きのナポリタンだ。バターの穏やかな風味が好ましい。アルミトレイに盛られたつけ合わせのコールスローとともにいいワインの肴になる。

続いて、鉄板の上でじゅうじゅう音を立てながら、真打ちのチキンソテーが登場。鶏の皮面をカリカリになるまでポワレしたものではなく、小麦粉を軽くまぶしてグリルし、ニンニクがかなり効いた甘めの醤油ソースを絡めてある。パンではなく米を要求する味だ。肉質はあくまで柔らかで、その大きさにはたまげる。だがすでに、つけ合せのフレンチフライ、いんげん、コーンだけで充分お腹もいっぱい。いや、〈ふらんす風〉も食べているのだから、最早はち切れんばかりだ。

なのに、デザートが食べたい。普段こんなことはないのに、条件反射だろうか。周囲のテーブルに運ばれるパフェなどの盛りつけがまた〝アメリカン・ドリーム〟で、それを眺めるうちに、満

チキンソテーは照焼き風味でご飯に合う。
盛りつけもリッチ!

腹中枢がイカレてしまったのかもしれない。若いウエイトレスからフレッシュジュースの説明を受けたら、それも飲みたくなった。どうせ一人のクリスマス（イヴだったが）。ヤケ食いして何が悪い。〝冬場のお薦め〟という生の苺を使った苺ジュースと、店自慢のコーヒーゼリーを追加オーダー。

苦みの効いたコーヒーゼリーは歯ごたえが素晴らしい。アイスと生クリームがたっぷりトッピングされ、それらが三位一体となって、おそろしくうまい。爽やかな酸味の苺ジュースと交互に口にすると、なお結構だった。

（上）コーヒーゼリーは苦みも香りも専門店並みのハイレベル
（下）ジュースはフレッシュが基本だ

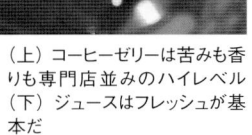

ファミレス感覚の洋食屋たち

「アップルポット」のチキンソテー

野方の外れの
メルヘンスポット
アップルポット

メニューすべてに目を通すのに5分くらいかかるのに、店内には新作メニューの札が多数。なんとも溢れる創作欲。リンゴのクリームソースをあしらったチキンソテーを注文。これがうまい

笹塚の魅惑の
セットの数々
洋食屋 マック

下北沢で33年もの間愛され、2008年に閉店した「洋食屋マック」の暖簾を引き継いだのが、この店の主人。注文後に成形して焼き上げるハンバーグは、やわらか&ジューシー！

東村山の独立系
ファミレスNo.1!
グリム館

同じ東村山市内でも秋津や久米川と違い、東村山は何もないに近い駅。だけどグリム館があるじゃないか！　そんな気にさせる肉ったらしいスペアリブサンド。珍奇なデザートピザなども◎

本格的ながらも家庭な
大森の癒し系洋食
ホクエツ

京急の梅屋敷駅が近く、自慢のホワイトソースを駆使したグラタン類が充実する。値段は良心的で、ハンバーグにフライ類を合わせても1000円以下。看板のコック少年と同じくえびす顔になる

浅草の夜にたたずむ
貴重な洋食居酒屋
モンブラン

洋食屋で飲むとなると真っ先に思い浮かぶ老舗。昼はハンバーグに特化し、出前もあり。しかし、夜はサワー類も豊富な飲み屋に変身。ワインフルボトルも1500円を切る値段からある

「キッチンドナルド」のハンバーグはキュートにまん丸

東中野のギンガムテーブルクロス
キッチン ドナルド

平日のサービスランチは680円からという激安ぶりが嬉しい。日曜も営業し、夜は家族連れでもゆっくりできそう。牛合挽のハンバーグはデミが香ばしい。チキンカツなどフライも水準は超えている

カツサンドが美味な
立石のニューウェーブ
洋食工房ヒロ

メンチ・カニコロ・海老のミックスフライ1100円はかなり高水準。安ウマの聖地・立石でこんな上等の洋食屋が登場するなんて意外。分厚いカツがみっちり詰まったサンド600円もお薦め

「グリム館」のスペアリブサンド。分厚い肉を豪快に齧る喜びが味わえる

有楽町で喫茶店サンドイッチ◇はまの屋パーラー

カウンターでスパゲッティやラーメンをかき込むのは味気ない、少し落ち着いて食事をしたいという時、わりと重宝するのが喫茶店。よく寄るのがサンドイッチの美味しい有楽町の**「はまの屋パーラー」**だ。

この店のサンドはツナ・ヤサイ・チーズ・ハム・玉子・フルーツ（以上580円）にスペシャル（いわゆるBLT＝ベーコンレタストマトで700円）の7種。スペシャル以外は2種を組み合わせられる。基本の6種中、2人で食べれば4種は制覇できるのだ。

そのうちの2種は同行者の好みに委ねるが、玉子とフルーツだけは譲れない。各サンドは20円増しでパンをトーストしてもらえるが、この2つは焼かないほうがいい。もし天使の食べ物とは何かと訊かれたら、ぼくは「これだ」と答えるだろう。それほどに柔らかい食感だ。玉子サンドの中味は、ほどよく塩したオムレツ。焦げひとつ入らぬ焼き加減が精妙極まりなく、ふわっとソフトな舌触りがたまらない。フルーツサンドも、よくあるようなホイップクリームの中に缶詰のフルーツミックスを混ぜた品じゃない。バナナ、イチゴ（季節によってリンゴ）、缶詰だが黄桃がぎっしり。クリームはそれらをあくまで和《あ》えるだけに抑えている。空腹だと、まるでギャグマンガの登場人物のように手と口がぱくぱくと動く。ハムサンドの辛子の効き具合も、薄く塗られたマヨネーズの楚々《そそ》とした味わいにも、昭和の品がある。チーズと一緒に挟まれたキュウリの歯触りも心地よい。

ところで、ぼくはコーヒーをほとんど飲まない。煙草は吸うが、紫煙立ち込める場に酒抜きでは耐えられず、喫茶店にも人と会う必要がある以外、滅多に入らない。だからといって、コーヒーが決して苦手なわけではない。逆に最上級の嗜好品と捉えているから、食べ物をコーヒーで流し込むのがイマイチ承服しかねるのだ。

そこでここでも、良心的な値段のビールを飲む。フルーツサンドにはまるで合わないが、ふと周りを見渡すと、他にもシニア紳士が昼からひと息ついている。まことに優雅だ。

サンドイッチが看板の喫茶+専門店の名品

浅草で極上のホットサンドとミルキーな珈琲

ローヤル珈琲店

生クリームがあらかじめ入ったロワイヤル珈琲とホットサンド(アスパラ入りコンビーフチーズとタマゴチーズの2種)が看板。サンドには、芳しく焼かれた糸引くチーズがたっぷり!

東銀座の「樹の花」では優雅なひとときを

「ペリカン」のパンが演出する至福のオニオンサンド

アロマ

浅草の、カウンターのみのザ・喫茶店。じっくり珈琲を淹れてくれる。軽食にはご当地の「ペリカン」のパンを使用。滋味深いパンがバターを吸い、オニオンとピクルスの醸す風味が絶妙

やっぱり下町の玉子サンドはこれ!

ハトヤ

浅草の「ハトヤ」は夕方まで営業のレトロ店。炒り卵のタマゴサンドイッチが下町というか昭和を匂わせる。そのホットドッグバージョンもあり、それにはすごい量のオムレツが詰め込まれている

浅草で楽しむホットドッグの芸術品

天国

年配者も多いためか、浅草はなぜか喫茶天国。ホットケーキが有名なこの店、長いホットドッグもチリやベーコンの合わせ技に一工夫がなされ、軽食スポットとして利用価値が高い

タマゴふわふわの「はまの屋パーラー」のサンド

サンドイッチが看板の喫茶＋専門店の名品

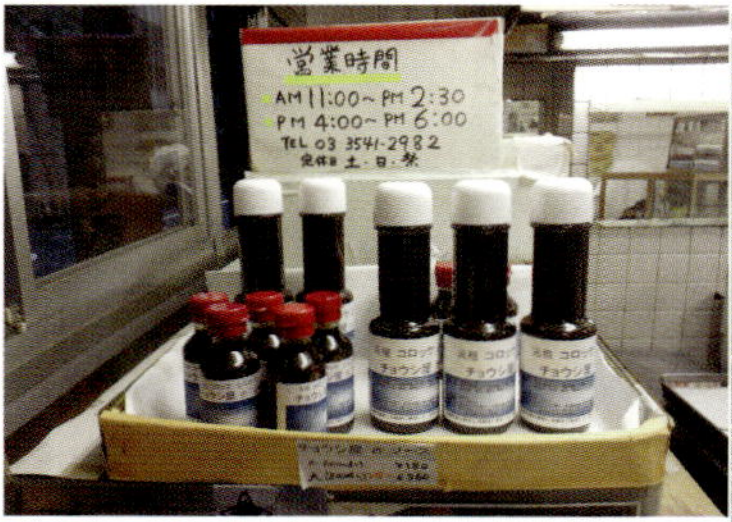

「チョウシ屋」で販売されるソース

東銀座にある
コロッケパンの最高峰
チョウシ屋

サンド類は昼に売り切れることが多い、元は肉屋の総菜屋。味わい深い140円のコロッケの他にもメンチ、ハムカツなどがあり、冷めてもカリッ。特製ソースは販売もしている

上井草の穴場で
サイフォンコーヒーを
カリーナ

早朝から営業のテイクアウトができるサンドイッチ屋さん。20種以上あるサンドが200円前後。お薦めは肉と玉ねぎ入りのオムレツ、一挙両得のハムカツタマゴ。珈琲も美味

セット類が充実する
東銀座の休憩処
アメリカン

サンド＋ビーフシチュー＋ドリンクのセット（1000円）を店内で食すのもよいが、テイクアウトが◎。厚切りパンからはみ出す具材。ひとつで腹が膨れそうなものが2つ入って400円前後！

「アメリカン」の超！ ワイドなサンド

ハンバーグorメンチ——それが問題だ◇キッチンまつむら

門前仲町の**「キッチンまつむら」**は、おそらくその質を考えれば東京一コスパの高い洋食屋だ。訪問時には数件だけだった食べログの書き込みも、あれよあれよという間に増えている。しかし、この店が盛名を馳せるほど、真面目そうな主を酷使する結果になる。データには不定休とあったので、帰り際に確認したら、元日くらいしか休まないのだそうだ。確かに門前町、土日も正月も客は来る。昼は奥さんがホールを手伝いに来るが、夜は一人で接客も調理もする。思わず「それでよく体が持ちますね?」と訊ねると、「いや、なんとかなります」と言葉少なに笑っている。

店内はお世辞にも整頓されているとは言えない。米などの食材の袋が隅に置かれたり、カウンターをボウルなどが占拠していたり、なんとなく雑然としている。が、それもまた、片づけ下手なぼくの伯母(現にいる)の家に遊びに行き、居間で食事をしている気分にさせられて悪くない。店の片隅には精米機が置いてある。「やはりご飯がおいしくないと」というこだわりの雄弁なる顕れだ。米は100%コシヒカリ使用で、揚げ物のパン粉も生、ラードも国産純正だ(サックリ揚がって冷めてもうまい)。

チキン南蛮650円、日替わりランチ680円からメニューはいろいろ。3尾のエビフライにしたって950円で、1000円超メニューは皆無。ハンバーグかメンチかと悩んだ末、「しょうが焼き・メンチカツ」セット（750円）をオーダーした。でっかいメンチを箸で割って驚いた。溢れる肉汁、香る玉ねぎの甘味、出しゃばらないがコクがあるデミの具合も抜群だ。一方の生姜焼きはタレこそ下町らしく甘じょっぱいが、肉は厚めで旨味は充分。ポテトサラダがいい箸休めになる。B級洋食として完成の域に達してはいないだろうか。

こう書くとまたお客が押し寄せるかもしれない。おせっかいかもしれないが、せめて混雑時に大勢で押しかけるのは避けてあげていただきたい。客思いのマスターは低料金を保つため人件費もかけず、狭い調理場で悪戦苦闘しているのだ。

ところで、Bグルのメインはハンバーグかメンチかだ（それをいうならポークかチキンカツかの論議もあるが）。ハンバーグは牛肉の使用率が正直に味と値段に反映されがちだが、メンチはエキスを衣に封じ込められるので、その分を技術でカバーできる。ゆえにメンチに分がある気がするが、有名店で両者を食べ比べるのも一考だろう。

洋食屋における究極の選択・メンチカツVSハンバーグ

「洋食すいす」のメンチをザクザクとほおばる

庶民派に愛される
新橋のガッツリメンチ
洋食すいす

メンチ（M サイズ 750 円）が食べごたえ抜群。他にハンバーグ、ポークとチキンカツ、後はカレーというメニュー構成で、昼は3種組み合わせがライス・スープつきで食べられる

武蔵関の町の巨匠による
完成されたハンバーグ
三浦亭

「チューボーですよ！」（TBS）に町の巨匠として何度か登場。正統派の洋食で、ランチなら自慢のハンバーグにライスもサラダもスープもついて 930 円。ケータリングもしてくれる

素敵なマスターのいる、ランチメニュー豊富な癒し店
洋食屋“B”

三宿の旧街道沿いにあって、近隣のクリエーターたちにも愛される自然体な店。マスターは、こちらが軽く会釈するだけで倍の笑顔を返してくれる。カニコロとメンチが良好！

グリーンの外観で親子
3人が息の合った仕事ぶり
キッチン アレックス

お客さんが絶えないカウンターだけのお店。三軒茶屋を代表する洋食屋。ハンバーグはカニコロとの盛り合わせにするのが定番だ。ポークソテーハワイアンに興味津々

肉屋経営レストランの
上野の極うまメンチ
肉の大山

日替わりランチの激安サービスが有名。店頭には立ち食いコーナーもある。やみつきコロッケ（50 円）から和牛すき焼き・しゃぶしゃぶ（4500 円）まであり、実に幅広い

洋食屋における究極の選択・メンチカツVSハンバーグ

可愛く並んだ「さんきち」のフライたち

武蔵小山で堪能する
まさに揚げ物天国!

さんきち

狂おしいほどのメニュー数と、その豊富な組み合わせ。ぼくはフライがお薦め。元住吉には「1.2. さんきち（ワンツーサンキチ）」という洒落の効いた店名の系列店がある

池袋の外れにある
お洒落な本格派キッチン

キッチン Oh!Way

値段はギリギリBグルだが、つねにサラリーマンやOLさんが列を成す。和牛使用で肉々しく、デミグラソースがコク深いハンバーグは、牛筋シチュー添えで950円

お持ち帰りも可能な清々しい気持ちになれる食堂

丸幸洋食店

要町にあるアットホームなお店。かに・チキン・メンチのコロッケセット定食がなんと680円！　鶏肉入りのコロッケとは珍しいが風味もよく、また、豚メンチも最高

溢れんばかりのデミがかかった「コニシ」のハンバーグ

広尾と恵比寿の中間で
勝新の愛したバーグを

コニシ

あの勝新太郎が一時期熱心に通い、ママさんの話によれば、某誌の「著名人が愛した店特集」にも紹介されたという。デミグラソースの具合、つけ合わせのバランスもいい

浅草の骨董品的名店が放つ緑の光線◇大木洋食店

浅草の外れの**「大木洋食店」**は、朽ちかけた構えながらどこかほのかに明るい。アーチ型の白のれんをくぐると、店内の壁に貼られて煤《すす》けた芸人たちの千社札、主が趣味で撮った花の写真や先代と談志らが並んで写った写真が額装されて飾られている。水木しげるマンガのキャラクターのような、ひょろっとした七十年配の主は話好きで、この店の歴史を滔々《とうとう》と語ってくれる。

「私は長野の生まれでね、中学を出て上京したんです。この前に1軒少し勤めて、遠い親戚だったこちらにぜひにって呼ばれ、もう50年も経っちゃいました。立川談志師匠は旦那さん（先代）とは若い頃からの知り合いで、亡くなってからもちょくちょく見えてますよ」

まだまだ現役の80年代製と思しきトランジスタラジオから流れる懐メロの効果も手伝い、穏やかな主の声をぼんやり聞いていると、人生の節目節目に訪れた、同じような寛いだ時間の思い出が浮かんでは消える。そして、この店の料理もまたデジャヴ。味覚のタイムマシンに乗って、ぼくは過去にさかのぼった。

まずはビールを頼むと、これでもどうぞと、柿の種を出してくれた。ポリポリ齧りながらメニューをしげしげと眺めると、丼やラーメン類などもあるが、やはり洋食を攻めたい。700円の日替わりランチの時間はとうに過ぎている。オムライスかカツかで悩んで、結局、アルコールで空腹感がいや増し、カツカレーが食べたくなって注文した。出来上がりを見ると、家元（談志）が「とんかつは薄いに限る」と言ったわりに、さほど薄くない。衣はパリッと固めだが、肉の旨味と水分はそれゆえ保たれている。カレーをかけるにはこれくらいがいいのだ。そして、そのカレーが拾い物だった。具はすっかり溶けて形もないほど煮込まれ、甘味がやや強いが、奥底にしっかりとスパイスも感じる。

「カレーは翌日がうまいって言うけど、本当は4、5日前からのほうがずっとうまいですよ」

夏場は傷みやすいので大体前日仕込みだが、ぼくが訪れた冬場はそれくらい前もって用意するそうだ。風情だけで美味しく感じさせるわけでは決してなく、半世紀以上の修錬を重ねた仕事を見せてくれる店だ。はかなげなのは外観だけで、料理という大事な中味はまだしっかり輝いているのである。

底光りする老舗洋食店

「タカサゴ」のヒラメフライ

一膳飯屋がルーツか?慶安3年開業の竹橋の老舗店
タカサゴ　創業1650年

毎日新聞社の地下飲食街にある、カレーと洋定食のお店。昭和初期はミルクホール、戦後は外食券食堂とまさに外食産業史の生き字引。カツスパ、ヒラメフライが人気

かつては勝新
近年はキョン^{2}も訪れた?
イチバン 創業1974年

恵比寿の一等地でも、相当リーズナブル。イタリア修業を経た2代目が、先代である父の味を大切にしつつ、新しいメニューにも挑戦している。トリッパ(蜂の巣煮込み)も美味

リニューアルしても
味は不変
キクヤレストラン 創業1946年

東京モノレール日の出駅の近くに、真っ赤なレトロな書体で「キクヤレストラン」と書かれたビルがある。夕方ともなると付近のビジネスマンがここに集い、独自の小皿料理を肴に宴会を催す

「桃乳舎」のハヤシ

証券マンたちの心強い
胃袋サポーター
桃乳舎 創業1888年

創業時のままとは言わないが、外観からして趣がある。日替わりランチ480円は、安くてボリューミー。ワカサギフライ、ハヤシライスなど、どれも昭和スタンダードな味!

魅惑のワンプレート洋食・トルコライス

大人のお子様ランチをめぐる冒険

トルコにはないトルコライスは、日本独自のサービス精神旺盛メニューとして、地域限定で発達してきたのだが、その精神は東京の洋食屋にも密やかに咲き乱れていた……

キッチンミキ（早稲田）
ミキランチ 500円
これぞコスパ最高のワセメシの極北。すべてにおいて品がよい。女性考案というのも頷ける。弁当箱に収まってはわからぬ、均整の取れた美しさを見よ！

ロビン（笹塚）
カツスパ 760 円

笹塚の老舗ショッピングモール内で古くから愛される店。カツにかかる薄味のデミやスパの具材のサラミなど、総合的な風味が素晴らしい。すべてが昭和テイスト

ビフテキ家あづま（新宿）
あづスパ 800 円

カツの代わりにカニコロが乗って、炭水化物度が異様に高い。洋風惣菜で飲んだシメは迷いなくこれ！

パーラードンマイ（上井草）
トルコライス 800 円

早大ラグビー部御用達の同店では軽めのメニューでカツも薄め。カレーピラフは本場に近いか

レストラン ベア（稲荷町）
トルコライス 900 円

夜も定食が 650 円から食べられる良店。蔵前には「ハンバーグの店 ベア」がある

ビスタホテル蒲田（蒲田）
トルコライス 1000 円

カレーピラフ、パスタ、白身フライともさすがホテルの味。炭水化物系の具は二つともパプリカ、ベーコン、ズッキーニ、ソーセージ。ピラフにはレーズンも入る

高級トルコ VS 格安トルコ

同じトルコライスでも場所と価格で千差万別!

グランドキッチン みかど（池袋）
トルコライス 590 円

月ごとにトッピングが変わる、池袋駅名所のフードコートの一品。業務用のハヤシとハンバーグに、白スパ添え

ピラフ+スパゲッティ+揚げ物の合わせ技に一本!

トルコライスとは長崎発祥といわれる洋食メニューで、カレーピラフ、ナポリタンスパゲティ、デミグラスソースのかかったとんかつというのが、最も一般的な組み合わせ。東京だけでなく大阪（かつては神戸）でも定着しており、それぞれ内容は異なる。

むろん、これはトルコ由来の料理ではない。イスラム教徒の多いトルコでは豚は食べない。ただ、ピラフの語源はトルコ語の「ピラヴ」なので、そこから来ているという説が有力だ。長崎には元祖を名乗る店が多数あるが、1950年代には現在の形で提供されていたらしい。

諸説いろいろあるが、ピラフ（サフランライス）がインドを、スパゲッティがイタリアを指し、カツが〝架け橋〟の役割を担って、両者の中間地

洋食いしだ（赤羽）
ヤキメシスペシャル 700円

ものの見事にお子様ランチ的形態だが、優しい味わいは極上。ナポの上にカツが乗った〈スパゲティーいしだ〉とどちらを選ぶか悩むところだ

スワチカ（五反田）
スワチカランチ 840円

これもワンプレート物の逸品。サクッと揚がったメンチは、ナイフを入れると実にジューシー。合挽肉だが、玉ねぎの旨味が前面に出ている。具沢山の豚汁も付く

ホップワン（目黒）
ホップワン風トルコライス

マスターが即興で作ってくれた、ドライカレーとナポに同店オリジナルのレバーシチューを乗せた三色飯。ちょこんと乗った、カレー風味の揚げ肉団子がうまい！

カフェテラス本郷（本郷三丁目）
ランチセット・ハンバーグ 800円

ランチ16時までと遅昼向きのボリュームメニューがこれ。ポークジンジャーと日替の3種から選べる。サラダやフルーツまで一緒盛り

一新亭（浅草橋）
三色ライス 1000円

ほろ苦甘いハヤシにふわっとしたオム。そしてなにより、ルーの風味が芳ばしいカレーが懐かしさを誘う

下町洋食キッチン トキワ（新富町）
ウィンブル丼　950円

ミルフィーユ状のハムカツがどっさり乗った上にハヤシソースがかかる、別名ハイカラ丼。サラダも同居する派手な体裁。家族経営でおしゃべりな看板姉妹が気さくに話しかけてくる。なんでも立川談志が常連だとか

れすとらん岬（東小金井）
B コンビプレート 600円

農工大生や法大工学部生が愛してやまないベーキライス。パエリアのように米をバターや調味料とともに直火で薄口に炊き上げ、その後注文に応じて卵と炒めて提供する。これにメンチやハンバーグが添えられるプレート類が人気の店だ（わかりやすいようあえて別皿で）

点＝トルコ、という洒落た珍説を、ぼくは支持したい。

ぼくが初めて食べたのは、いつどこでなのか、今となっては判然としない。横浜か旅先の佐世保であったか……。少なくとももう30年前にはなる。ともかく、まだ食べ盛りであったぼくは驚いた。一石三鳥、これは大人のお子様ランチだ！　と感極まってかき込んだ。

トルコや長崎に行かずとも食べられる洋食世界旅行編

もっとも、本場長崎でもない限り、トルコライスがウリ、という店はそう見当たらない。が、「銀座ライオン」などの洋風居酒屋のランチメニューとしては定番。ワンプレートに盛りつけられる上に、ボリューム感が出せるからだろう。「南蛮渡来」飯田橋店などでも常時提供している。

池袋というより要町に近いところにあった「ちゃんぽん長崎や」で食べられたトルコライスは、スパの代わりにちゃんぽん麺を使い、ピラフは炒飯となる。薄く伸ばしたバラカツがかなりオイリーで、いったい何キロカロリーだろうというヘビーな食い物だった。と、過去形で書くのは、新宿店ともども2011年夏、突然閉店してしまったからだ。

ドネルケバブなどの流行で、トルコ料理自体は広く食べられるようになったのに、トルコライスのほうは東京から消えていく。しかし、そうは名乗らなくとも、同様のメニューは多々あるのだ。

たとえば早稲田の**「キッチンミキ」**のミキランチは、見たところ間違いなくトルコライスだ。メンチカツとチキンカツがくり抜き飯に乗り、ちょいがけカレー、ケチャップスパにマカロニサラダ、ちょっぴりだが生野菜にハムも添えられ、コンソメスープもついて、もう完璧。これがワンコインで食える幸せをすべての早大生は嚙みしめねばならない。カツにはちゃんとデミだってかかっている。サクサク軽快な食味で、これなら女子学生だって合格印をくれるだろう。

大衆老舗店にトルコ風あり　トルコ飯は愛情ゴハン

銀座と新宿三丁目にある老舗洋食店**「あづま」**（銀座は「レストランあづま」、新宿三丁目は「ビフテキ家あづま」）にも、ピラフをカレーライスに変えたトルコライス風のメニューが存在する。それが〈あづスパ〉。カレーライス、カニクリームコロッケ、ナポリタンの組み合わせだが、名前からも分かるように、主役はあくまでナポリタン。いつもはステーキやハンバーグなどの脇に添えられたケチャップスパゲッティが、マッシュルームやベーコンなどの具を伴い、クリーミーなカニコロッケも乗せ、カレーも従えてメインに躍り出たわけだ。

目黒のこれまた老舗、**「ホップワン」**には、〈本日のドライカレー〉といって、日替わりでハンバーグやエビフライをのせたメニューがあるが、中でも〈牛レバーのせ〉は、ある意味〝進化系トルコライス〟というべきか。これならトルコでも実際に食べられていそう。ドライカレーはたっぷりの干しぶどう入り。その甘辛ライスがバターでソテーした新鮮なレバーの肉汁と相まって、玄妙なる旨味が口中で醸される。サラダもたっぷりでヘルシーだ。

南長崎の**「レストラン香港」**は、新日本プロレス出身のコックさんが経営するお店。ここではトルコライスが600円で食べられる。チキンライスの上に辛さ控えめでやや酸味を感じ

レストラン香港（落合南長崎）
トルコライス 600円
店名とは裏腹に洋食店。最近改装して、プロレス関連のポスターが貼りめぐらされるマッチョな内観もかなりマイルドに変貌。ただし、味と安さは変ってないのでご安心を

るカレーがかかり、さらにその上にカツが乗る独特のスタイルだ。見た目は武骨だが、実質は充分にともなうのがいかにもレスラー飯。

こうして見ると、どれも発想の源は一緒で、一皿にいろいろてんこ盛りにすることによって、まずは見た目の重量感を出す料理のようだ。高度経済成長下、日本全国で同時多発的にこうした〝なんでも乗っけ飯〟が自然発生し、「トルコライス」だけが郷土料理の名称となって根づいたのだろう。

カフェめしなどにもワンプレート物は多いが、男女問わず、いつまで経ってもお子様ランチが食べたいものなのだ。

東京でもわずかに残る路面電車、都電荒川線はそのままBグルを辿る旅を味わわせてくれる。一日乗車券を買い、途中下車を繰り返し、東京にいまだ残る昭和の叙情も楽しみつつ、山の手から下町の味覚の変化や物価の違いなどを肌で知る。東京人だからこそ、たまにはこんな観光もいい……

Bグル都電の小さな旅
荒川線で
東京の間《あわい》を往く
王子駅前
荒川遊園地前
熊野前
町屋駅前
荒川区役所前
三ノ輪橋
終点
お食事処

『ターキー』

高円寺にも七面鳥という優れた中華料理があるが、なにゆえにターキーなのだろう。看板のタイポグラフィや店内のピンクのカウンターにときめくのはかなりの通

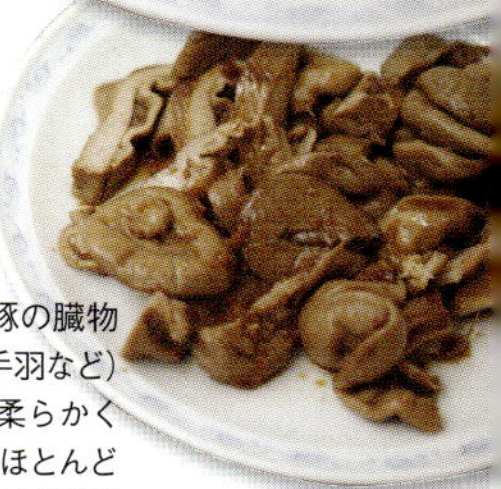

『豊屯』

豊屯では8種の豚の臓物類に3種の鶏（手羽など）を八角を効かせ柔らかく蒸し上げている。ほとんどが450元也(むろん洒落)

東京の片隅に残る“かつての東京”を探す食の旅

荒川線の出発点は早稲田だが、学生街編ですでに紹介しているから、Bグル旅の起点は都電雑司ヶ谷駅としよう。2008年に東京メトロの副都心線が開通し、再開発も進んでいるが、池袋からやや離れ、地域密着の個性的な店がまだまだ多い。

代表的なのが、住宅街にポツンとある中華そば**「ターキー」**。外観も内装もごく普通の町の中華だが、透き通りながらも醤油の色が強く出た鶏ガラ主体のラーメンの汁も、注文を受けてから包む餃子も典型を極めきって、安易には真似できないレベル。疲れた時などしみじみ、涙ぐみそうになるほどうまい。半炒飯も、上質の叉焼が炒め卵とホロリと混ざり合って、えも言われぬ調和を生み出している。「ターキー」のような店で食事

東池袋四丁目

『サン浜名』

まさに東池袋の深夜サロン。ソファに座って憩える中華屋だ。阪神グッズの装飾と棚の漫画喫茶並みのコミックがミスマッチで面白い。とろみのついたサン浜焼きそばなどがイケる。1階の和食とのハシゴも一考だ

『伊東食堂』

夜は居酒屋使いができる伊東食堂も界隈では有名だ。おびただしい短冊は客の要望につねに応えてきた証。けっこう高級なつまみもある

をすると、こうした街場中華が東京のソウルフードなのだ、と実感する。

荒川線はチンチンと小気味いいベルを鳴らしながら、東北方面へと向かう。そのままサンシャイン60が間近に迫り、首都高速の高架に至れば、そこは東池袋四丁目。概してこの路線は隣駅との感覚が短いから、腹ごなしの間もなくすぐに着いてしまう

この駅は、ラーメンの「大勝軒」や南インド料理の「A・Raj」、洋食の行列店「UCHOUTEN」などが有名だが、隠れた名店もけっこうある。中で北京料理の**「豊屯《ほうとん》」**はむしろ知られたほうだ。

ただ、ここで食せる各種豚の蒸し料理は見た目もお味も超Bグル。老酒の銚子が立ち所に空いてしまう。むっちり皮に肉とニラの存在感が重厚な餃子も、おろしニンニクたっぷりの酢醤油タレ同様に本場っぽい。極めつきは、シメにいただく溜豆腐《りゅうどうふ》。豚

『天平食堂』

大塚の外れに燦然と輝くこの店は〝センベロ飲み屋〟としても超優秀。素晴らしいのは飯の炊き加減に味噌汁の塩梅！

濃厚な鶏生姜焼、季節の秋刀魚焼き、ピーマン肉炒め……。出てくるそばから片づき、冷酒の瓶が空いていく

肉と豆腐を炒め、スープで伸ばして水溶き片栗粉でとろみをつけた料理だ。薄味なので豆板醤を入れて食べる。これさえあればラーメンいらずでヘルシーに酒宴を終えられるというわけ。

深夜2時まで営業している**「サン浜名」**も、超絶にBテイストな店だ。1階は和食で義兄が、2階は中華で義弟が経営するという珍しいスタイル。1階もけっこうなボリュームでうまい魚類を食べさせてくれるのだが、スナックの居抜き物件のせいかソファのある2階の居心地が最高。虎党らしく様々な阪神グッズで飾られ、夜は完全に近所の老若男女の憩いの場と化している。つまみ類も充実しているが、あんかけ系統の料理が美味しく、ホールを手伝う姑娘《クーニャン》がすこぶる可愛い。

ゴリノスのブイヨンが効いたラーメンは日本橋「たいめいけん」横のスタンドのそれを想起させる。和洋折衷？和魂洋才？ ともかく美味なるごった煮感だ

『ゴリノス』

『同花』

（上）生後３年内の豚レバーの薄切りを３種の生薬が入ったタレに漬け込み、ニンニクと生姜を効かせオリーブ油で炒めたレバテキ

（下）つるりとした皮の皿ワンタン

ラーメンがうまい洋食屋にオリーブ油を使う中華屋？

大塚駅前は風俗店と大衆居酒屋が豊富で、町並みがいかにもB。その一方で良質のBグルが、かつて2館あった名画座とともに淘汰されてしまった町。「キッチンABC」や、元祖エスニック料理の「世界飯店」は健在だが、後はラーメン屋ばかりが目立つ。

そんな中、駅から巣鴨新田方面にしばらく歩くと忽然と現れるのが、創業50数年に及ぶ**「天平食堂」**。天ぷらに鰻から中華までなんでもあって、どれもが美味しいありがたい店だ。串カツが分厚くてジューシーで、かつ丼が評判なのもわかる。奥に小上がりがあり、靴を脱いでくつろげるのも嬉しい。

お次は新庚申塚。〝おばあちゃんの原宿〟こと巣鴨地蔵通りは夜は早いが、そんな中で、23時まで煌々と明

『シゲちゃん』

シゲちゃん夫妻はとても温和。焼き牛丼はもちろんのこと、サバ焼き丼もうまい！

『ふく扇』

何の行列かと思いきや、たこせんかぁ。パリッフニャの食感が楽しいスナック

『小さなピザ屋』

小さなピザ屋でイートイン。懐かしの味で、多様なトッピングは全部乗せても料金は一緒

かりを点す**「ときわ食堂」**は灯台のような存在だ。総本家の浅草店は朝7時半営業開始だが、こちらも9時から飲めて、気分は大阪新世界。メニューの豊富さと活気、安さでは浅草店を凌ぐほど。身厚なアジフライはじめ魚メニューのコスパが高し！　また、**「ファイト餃子店」**は千葉県野田の「ホワイト餃子店」の〝技術連鎖店〟。フランスパンと同じ生地を使用したふっくら皮に包まれた、あの食べ応え満点の独特の味がここでも味わえる。半熟卵が乗った炒飯が意外にツボ。

飛鳥山の**「ゴリノス」**は、洋食屋なのにラーメンを置いている。家庭惣菜風で安価な夜メニューを2、3品頼んでシメはラーメン、もいいが、開店以来同じ値段（380円）というサービスのシーフードグラタンが本格的でこちらをオーダー。

王子駅前は居酒屋ファンには名高

『小林』

名物串煮込みは1本80円。この煮込みの汁でつけ麺を食べるところが面白い

『町屋ときわ』

元は戦後すぐ神田駅前に開業した牛すじ丼屋。グループ店最多の300ものメニューを誇る。本店と駅ビルのサンポップ内の2店を構え、日替わり定食は550円！

い「山田屋」、「カレーハウスじゃんご」、立ち飲みおでんの「平澤かまぼこ」と、沿線中では名店自慢の停留所。しっかりご飯という時にはレバテキのお店**「同花《どうか》」**がお薦めだ。薬膳中華を標榜、塩分控えめでヘルシーだが、ボリュームはたっぷり。看板のレバーだけは濃厚な味つけで、「半分メニュー」でもかなりの量（前ページ写真）だ。

労働者の街で出会った
ビールに合う豚肉炒め

北区から荒川区に入ると、風景は下町らしい風景に転じていくが、荒川遊園地前はまさに住宅街のオアシス。付近にはもんじゃ焼きを商う駄菓子屋などが軒を並べ、たこせん（関西ではよく見かける、半分に折ったえびせんにたこ焼き2個を挟んだもの）の**「ふく扇」**の前の行列は名物になっている。

荒川区役所前

『光栄軒』

店内に飾られる色紙の数で知名度も測れるが、店内のどこを見渡しても男、男……。生涯ガッツリ系の野郎どもに愛される名店だ

テーブルを彩る手描きポップがキュート！

ここでは踏切近くの**「シゲちゃん」**を強く推す。厨房を囲んだカウンターだけの店だが、軽く飲んで食事するのに打ってつけの店だ。牛バター丼（青じそが入る）と塩サバ丼（一から焼いて丁寧にほぐし、ねぎと一緒に飯の上に乗せた逸品）を、ダメもとでハーフ&ハーフでお願いすると、わざわざ分けて作ってくれた。禁句にしている言葉がつい口をつく。「こんな店が近所にあったら」。

荒川区役所前の**「光栄軒」**はメガ盛りで名にし負う。皿からはみ出すオムライスがとりわけ有名だが、中はチキンではなく、ぶつ切りのチャーシュー入り。噛みしめると旨味充分で、特大なのにペロリとイケてしまう。野菜中心の餃子をはじめ、中華メニューも基本に忠実で美味しい。ビールを頼むと、野菜炒めをサービスしてくれた。

さて、一日がかりの旅も終わりに近

三ノ輪橋

『きぬ川』 腹が減っては戦ができぬと、山谷の男たちを支えてきたきぬ川。新香でビール1本飲めてしまうぞ。具だくさんの豚汁は小でちょうどいい。玉子焼もうまそうで、500円の朝食セットも試したい。朝こそ、この店の真価が見える？

『餃子専門 さかい食品』

満腹の腹を抱え、帰りにアーケード街をぶらぶら。1個から販売の餃子屋のさかい食品を発見。3つだけ頼んでも快く焼いてくれるから、もうダメ押しだ〜

づく。三ノ輪橋からしばし歩けば、労働者の街・山谷。「丸千葉」「大林酒場」など上質な居酒屋が多いが、定食屋にもキラリと光るすごい店があって、それが**「きぬ川」**。店内奥のガラスケースには大ぶりの焼き魚もあって心引かれるが、豚肉炒めの、その後を引くうまさといったら。ともかくビールと飯が一気に進む。

三ノ輪橋の駅に戻ると、そのまま庶民的なアーケード街「ジョイフル三ノ輪」へ。惣菜屋が立ち並び、晩のおかずを買い求める主婦でごった返している。腹はいっぱいだったのだが、おやじさんが焼く餃子の香ばしい匂いに負け、帰って酒のつまみに、と餃子をテイクアウト。

荒川線の小さな旅もここでお開き。路線延長12・2kmながら、東京って、北へ東へ進むほどに人も街の様子もずいぶん変わっていく——そんなことを改めて実感した。

のれんをくぐれば定食ワンダーランド!!

大衆食堂が視界に入ってきた！

洋食の章でも述べたが、僕は基本洋食派である。毎晩のように酒を飲んでいるので、どうしても米の飯を食べないとダメ、というわけではない。だから、これまで大衆食堂は、どちらかというと縁遠い存在だった。

しかし、40代も半ばを過ぎると、さすがに毎晩ハンバーグだ、フライだ、とは行かなくなった。男の更年期の症状はまだ出ていないが、40代の前半に前立腺を患ってから、人並みに身体のことを気遣うようになってきてもいる。

だから街を歩いていて、これまで視界に入っていながら見落としてきた大衆食堂が気になるようになってきた。もちろん数は少ない。「大戸屋」や「まいどおおきに食堂」などの一大チェーンはあちこちにあるが、紺の暖簾に「大衆食堂」と力強く書いた店を探すのは至難の業である。例によってスマホで検索しても、ターミナル以外では、1駅に1軒あるかないか。

だからこそ、探し甲斐があるというものだろう。今回のBグル本を執筆するにあたって、特に大衆食堂には力を入れてみようと思った。この分野の偉大なる先達、遠藤哲夫氏や野沢一馬氏など諸兄の仕事に敬意を表しつつも、自分のアンテナに引っかかったお店をいくつか取り上げてみることにしよう。

上野に咲いた人情の花◇田中食堂

上野〜稲荷町の裏通りを歩いていて引き寄せられた、路傍の野菊のような店**「田中食堂」**。昭和30年頃建てられた現店舗の黒光りした風格もさることながら、明治期創業という百年食堂のオーラをビンビンに放っている。あまりオーラという言葉は使いたくないが、そうとしか言えない積み重なった空気感を店の隅々から感じるのだ。

古めかしいが清潔に保たれた内装、店内に置かれたサンプルケースも、中味は多少色褪《あ》せているものの、ガラスはきれいに拭かれている。大きな神棚の榊《さかき》も青々しい。レジ横には、本日のお薦め

（右）まるで、昭和にタイムスリップした外観だ（上）大きな神棚が備えられた店内は清潔で、気品すら漂う

の現物を飾っている。野菜の煮付けは日替わりで内容が変わるようだ。

年甲斐もなく大はしゃぎしてしまった。少なくともぼくが初めて訪れた際には食べログにも投稿がなく、偶然発見した店だからだ。

ほうれん草お浸し、赤ウィンナ炒めにアジフライ(いずれもマカロニサラダ添え)、もちろんビールと、矢継ぎ早に注文。見事均等に切れ目が入ったウィンナの皿には、黄色い油が溜まっている。ああ懐かしい。最近のなんちゃって赤ウィンナにはこれがない。アジフライも大ぶりのが2尾乗って、サクッとした衣が品よい。

(上)手作りのきんぴらが家庭料理を思い起こさせる(下)赤ウィンナにもしっかり包丁目が入り、炒め具合がまた絶妙

何もかも、当たり前にうまい。しみじみうまい。飯も少しやわらかめで、おかずの繊細な味に合っており、艶も甘味も申し分ない。ホッピー300円、焼酎（中）200円とセンベロ派迎撃態勢も取れている。地元民ではないが、本当は紹介したくないくらいの店なのだ。

女将さんの朗らかな笑顔と、常連さんに「田中君」と呼ばれている大柄な息子さんの温かいもてなし、厨房で孤軍奮闘する大将の的確な仕事は、この先も変わらずここにあることだろう。

スカイツリーのたもとで朝からグイッ◇押上食堂

2012年5月の開業に向け、日々刻々、背丈を伸ばす東京スカイツリー。完成に近づくに連れ、その姿を一目見ようと押し寄せる人の数も増えている。このバブルに乗り遅れまいと出店ラッシュが続き、賃貸物件も高騰中だと聞くが、そんな騒ぎもどこ吹く風と、近隣のオジちゃんたちを吸い寄せる定食屋がある。それが**「押上食堂」**だ。

周囲の開発が先に進んだせいか、駅からすぐの押上通り商店街はわりと閑散としていて、取り残された印象を受ける。その一角のアーケードに『東京都指定食堂　押上食堂』という看板がぶら下がる。

　闇米の横行も落ち着いた1951年、東京都で指定民生食堂という制度が作られた。これは、戦時中から戦後すぐの時期まで続いた食糧統制下に存在した〝外食券食堂〟の生まれ変わりだ。「低所得者であって常時外食するものに対して、低廉で栄養価の高い食事を供食するとともに、災害時における一般都民に対する供食事業を円滑に進めることを目的とする」と、指定要綱には仰々しく書かれている。当時はまだ

これぞ、半セルフの〝一膳飯屋スタイル〟。ひと昔前はこれが主流だったが、残念ながらずいぶん減ってしまった

家族経営でほっこりあったかい伝統の店

大井町にあるのにこの名前◇**日本橋**

ガラスケース内の看板の意匠が素晴らしい。店名の由来を訊くと、「開店当時は、日本橋でも〝銀座〟みたいな響きがあった」から。通常メニューが30～50円安くなるサービスランチが450円からある。小柄な老夫婦を娘がサポートする

秘伝のタレに漬け込む唐揚げが名物◇**野方食堂**

サクサク衣のとりから定食（680円）が有名。ここも昭和11年創業の老舗なのだ。夜は11時まで営業しており、駅にも近いので、残業族にはありがたい。店内はとても清潔で、家族や女性連れでも安心。一家総出のチームワークを端々に感じさせる、活気ある良店だ。

安くてうまいは当たり前の赤羽で健闘◇**三忠食堂**

古くからある食堂だが、近年リニューアル。老若男女が思い思いのメニューを頼んで、夜は軽く一杯という気配が漂う。単品メニュー＋340円で定食になる。和洋中どれも安定して美味しく、運がよければ「にんにく味噌炒め」などで鯨料理も食べられるようだ。同名系列店が十条駅前にもある

（左）赤羽のオアシス三忠。面白いのが昼と夜で暖簾を変えるらしいこと（右）鯨刺身は定食で食べられるときもある

吉祥寺の激安かつアットホームな店◇**まるけん**

東京女子大近くにぽつりとあり、創業すでに50年。ともかくその安さに目を見張る。定食は370円台からあり、とんかつ定食でも450円也。学食より安い。飯の量も多く、味噌汁がうまいのは何より。恵比寿様のように微笑む婆さまと、これまた温和そのものの息子で切り盛りする

和洋中なんでもありの立石の奇跡◇**えびす屋食堂**

腰の曲がったおばあさんと40代の息子が、広い守備範囲の酒肴を淡々と提供してくれる、Bグルの名店が居並ぶ立石においてもとっておきの店。刺身類をはじめ、どじょう柳川も鶏のクリーム煮も食べられるが、息子の修業先が洋食屋だったのか、それっぽいメニューが目を引く

東銀座にホッとする大衆空間◇**中村家**

東銀座～築地界隈にある、知る人ぞ知る地域密着型定食屋。2階には大宴会が開ける座敷も備える。定食はすべて「○○ライス」と表記され、名物はわらじメンチ（650円）。串カツとハムサラダにゆで卵も付いた合の子ライスも650円と、近隣であり得ない低価格。揚げ物が自慢のようだ

（下）まるけんの、海老フライにハムエッグの日替わり定食（580円）

（上）どぜうが食えるのがいかにも下町、ってな風情のえびす屋。究極のセンベロ定食屋なのに、液晶テレビは30インチ以上は確実の大画面だった!

食堂での米飯販売は自由でなく、この協同組合へ加入していれば、都から一定の米供給があったのだ。加入店も一時は千数百軒に上ったという。また、それを機に蕎麦屋から食堂などに商売替えをしたというケースも少なくない。

まさに間口二間、テーブル2卓にカウンター10席ばかりの小体《こてい》な店だが、「押上食堂」もその頃から綿々と続く、大衆の味方なのだ。

また、この店はセルフサービスで惣菜を選べる。ぼくの認識ではこのスタイルが狭義の〝大衆食堂〟。かつて新宿の思い出横丁、大阪の新世界に蝟集《いしゅう》していたような店だ。煮魚や揚げ物などは電子レンジで温めなおしてくれる（目玉焼は注文に応じて焼くようだ）。なぜか電子レンジの普及とともに、この昔ながらの一膳飯屋風大衆食堂はめっきり少なくなった。

会計はキャッシュ・オン・デリバリーという店もあるが、ここでは皿の形で値段が決まっており、食べた枚数で勘定がわかる。回転寿司と一緒だ。朝昼の忙しい時間帯だと、細かく伝票をつける時間が節約できる。極めて合理的だ。

このように料理の小皿・小鉢を自分で選ぶ形態の食堂は今もチェーン店では健在だ。たとえば大阪発の「まいどおおきに食堂」や仙台発の「半田屋」がその代表だ。カフェテリア方式にあれこれおかずを自分で取って、先に精算する。ちょうどセルフが当たり前の讃岐うどん屋と同じだ。

調子に乗ってつい取りすぎてしまうこともままあるが、酒呑みにとっては、好みのつまみでチビチビやるのに、恰好の方式だろう。

ぼくが「押上食堂」を訪問した日もちょうど昼時だったが、先客の地元の老紳士たち5名が、スーパードライの大瓶を景気よく並べてやいのやいのと盛り上がっていた。釣られてこちらもビールを注文。

つまみに焼売(200円)をとりあ

大好きな焼売をメインに、次々と小鉢を追加。その日の気分で自由に組み合わせを変えられるのが楽しい

えず選択。自家製マカロニサラダが添えられ、実にグッドなコンビネーション。どちらも醤油よりソースをかけるのが適。厚揚げとがんも煮（２００円）、カレイの煮付け（２５０円）は甘辛い味つけで、ご飯が欲しくなる。大中小から選ぶが、中で充分大盛りだ。セットで出てくる味噌汁（50円）の具はわかめ。出汁がしっかり取れており、熱々をずるずるすする。ビールを除けば計８５０円也。あれこれ好きなものを食べて、この勘定なら文句はない。

のれんが醸し出す押しの強さからは拍子抜けするくらい、店内は明るく清潔。昼酒の後ろめたさを微塵も感じさせないのが、この店の強みだろう。

一膳飯屋・指定食堂の醍醐味が味わえる店

セルフ食堂のデパート!　新木場の穴場◇**丸惣**

殺風景な新木場駅の高架下、チェーン店が占めるアーケードの奥に、ギラリと光るセンベロの秘境。満艦飾の冷蔵ケースから刺身や漬け物類を取り出す興奮たるや!　近くに「丸惣2」もあり

立石が誇る肉屋のイートイン◇**倉井ストアー**

隣接する食品スーパーや奥の肉屋から好きな惣菜を持ってきて、かつ頼んで、酒もその場で買って飲食できる。究極の大人の学食、あるいは角打ち（店の一角を立ち飲み屋にする形態）。肉屋経営だけあって肉料理に外れなし

撮影セットと見まがう両国名所◇**下総屋《しもふさや》食堂**

建物ではなく佇まいそのものが昭和遺産。焼き魚など作り置きのおかずを置くガラスケースに「民生食堂」のプレートが光る。魚〝参百円〟、やさい〝弐百円〟が一律料金で、飯＋豚汁にあれこれ組み合わせる

グルメな町・根津で今なお愛される◇**かめや**

「S ☆ PPORO」の比較的新しい看板にも「指定食堂」の文字が。店頭のウィンドウには実物のおかずが並べてある。味は塩気もほどよく、あさり蒸しなど、かなり洗練されたメニューも楽しめる

高円寺の外れで異彩を放つ◇**民生食堂 天平《てんぺい》**

高円寺方面から早稲田通りを渡って、都立家政駅に向かうエリアにある〝黄昏食堂〟。揚げ物は低温でじっくり揚がり、想像以上のサクサク感が楽しめる

恵比寿の繁盛店はなんとか復活◇**こづち**

日替わり定食 500 円という恵比寿のともし火のような店で、しばらく休業した後復活したが、営業は 17 時までというのが残念。あっさりだが肉々しい肉豆腐で一杯やり、鉄兜並みに盛られた炒飯か焼うどん、今はないレバ入り焼きそばを食べるのがマイ定番。ポークソテー並みの厚みがある肉生姜もお得で、これにペロリと平らげる OL の姿もチラホラ

夫婦和合が繁盛の要諦◇せきざわ食堂

現在、その廉価と裏腹のクオリティの高さで東京でも1、2を争う高評価を得ている定食屋が、東長崎の**「せきざわ食堂」**である。

西武池袋線の東長崎駅は、あくまで九州の長崎駅と区別するための命名で、東長崎という地名自体はない。線路を挟んで北側が豊島区長崎、南側が南長崎だ。北口のほうが栄えており、同店の住所も長崎4丁目。その周囲には洋食の「キッチン長崎」など実に味わい深い店が残っている。

主要駅（東長崎の場合、池袋）に近い駅にありがちだが、どこか飛び地的に〝昔ながら〟が保たれているのだ。乗降客数から見れば、ファミレスもファストフードも進出するメリットを感じないからだろうか。こうした都市の〝残され島〟を旅すると、まさに「ちい散

昔も今も、最前線の大衆食堂として燦然と輝くのが「せきざわ」だ

歩」的気分が味わえる。そして、未知の素敵な店に出会える確率も高い。

もっとも、「せきざわ」は地元では超有名店。夕食のピークを外した20時過ぎに入ったが、客がひっきりなしに入ってきて、みな狭いカウンターをすし詰めに分け合っている。女性客も多く、黙々と一人飯をしている。その目は心なしか爛々と輝いており、飯食う人の力強さが感じられる。

ともかく安い。とんかつ定食490円、さば焼き定食410円、カレーにいたっては380円だ。だから、ほとんどの人が肉じゃが（160円）、野菜も入ったウィンナ炒め（180円）な

関東のサバみそは、味噌に加えて醤油の照りが効いたものが多く、こちらもそう。この定食も最安値の部類で410円!

ど、もう1品を足している。ワンコイン定食（とんかつなどのメインに煮物類などもう一品つく）、サンキューセット（390円）に消費税が加わり410円で、納豆や目玉焼き、ひじき煮に味海苔がつく）と、店内に貼られたメニューを眺めるだけで感謝の気持ちがわいてくる。この店が近所にあったらもう自炊はしないだろう。

カウンターのすぐ奥が厨房で、ご主人は懸命にフライパンを振り、揚げ物をフライヤーに放り、グリルの焼き魚の様子を確認する。奥方はひたすら注文を捌き、せっせと料理をカウンターに並べ、食べ終わった食器をすかさず

カリッと揚がったアジフライ。カットレモンも辛子も添えられ、醤油とソースの両方で楽しむ

かたす。大わらわなのでほぼ無言だが、すでに40年重ねた阿吽の呼吸がひしひしと伝わって、２人の所作を眺めるだけで感服してしまう。この二人三脚での仕事だからこそ、近隣の貧乏学生やサラリーマンたちのために、安価だが栄養のバランスも取れた美味しい食事を提供し続けてこられたのだ。

ビールにひじきを頼み、アジフライ定食の完成を待つこと約10分弱。既製品は使わず、小振りだがきれいに手開きされたアジが２尾。付け合わせはキャベツに自家製マカロニサラダ。例によって1尾を醤油、1尾をソースで食す。カリッと一口むと、ホクッとした身から湯気と旨味が立ち上る。これで４１０円？　などとケチ臭いことを考える前に、充分うまい。

他にどうしても気になるのが、〈とくまるカレー〉だ。アジにエビ、さつまいも、玉ねぎの各フライ、さらにはチビ目玉焼き、マカロニサラダも乗って６００円の破格値だ。その独特の存在感はグルメ誌の目にも止まったようで、壁に記事が貼ってある。ハウスのジャワカレーをベースにいろいろ工夫が凝らされているらしい。炒飯も３８０円で「日高屋」並み。揚げ物などをつまんだ後には高カロリーだが、いつか試してみたい。

夫婦2人で切り盛りしてきたこの店。できる限り体を労って長続きさせてほしい——そう願わずにいられなかった。

浅草の下町定食屋◇水口食堂&ときわ食堂他

浅草こそ、大衆食堂の似合う町だ。

名画座の邦画3本立て目当てによく浅草に出るぼくは、経由する上野が駅の再開発で構内の食堂の類を一掃して以来、それまで以上に浅草メシをするようになった。だいぶ開拓したが、やはり独酌ならぬ独飯に一番だと思うのは、昔からちょくちょく寄る**「水口食堂」**だ。

「水口」といえば、「ぶらり途中下車の旅」で阿藤快が大絶賛したという〈いり豚〉。うっすらとカレーが効いたケチャップ味の豚肉と玉ねぎ炒めで、ビールが進むこと請け合いである。

焼き魚の類も上々。おまけにワインや泡盛まであり、ビールだけでは済まないのが困りものだ。ま、定食セットのおみおつけは、エキス分たっぷりのあさり汁なのでアルコール分解も早いよ、と「なんだかなぁ」のヘリクツを阿藤流に独りごちる。そしてついよけいに飲んでは、六区の街を千鳥足で歩き、ロック座でものぞいてみようかな、という気分になってしまう。また、ここの手作りコロッケもホクホクといい具合で、やはりかなりの頻度で別注してしまう。

浅草では千束通りの**「大門」**も同様のメニュー構成でときどき立ち寄る。鮮度

2階席もある大きな定食屋。家族一丸となったオペレーションも素晴らしい

夫婦のチームワークが光る名店

鷺ノ宮で家庭的で美味なる定食を◇**お食事処 味よし**

急行が停まるにもかかわらず、鷺ノ宮はBグル不足の町。しかし、小ぎれいで味もなかなかの定食屋がある。カウンター上の大皿料理が豊富でどれもうまそう。定食には小鉢がつき、そこから1品選べるシステムが嬉しい。ご主人が調理、奥方は給仕の典型で、小体な店なのでそれがホットに伝わる

浅草の外れでヘルシーに肉料理を◇**とんかつダイニング弥生**

「大改造!!ビフォーアフター」に出演して、和風モダンな空間にリニューアルしたという、若い夫婦が商う気持ちのいいお店。夜は飲めるが、現主人が石川県出身らしく、加賀野菜を使った鍋などが珍しい。夜の早い浅草で貴重なめし処だ

東村山の住宅地に忽然と現れる昭和遺産◇**ひの食堂**

この食堂は、外観からして〝シズル感〟たっぷり。メニューはフライ類に肉系が充実。レバーのタレ焼き単品でビール、若さぎフライ焼肉定食という線で攻めたが、量がたっぷりで大満足。斜め切りされて肉の断面を大きくさらすとんかつも、またうまそうだ

（上）「味よし」のカキフライ定食（左）看板に書かれたキャッチコピーを見ると、なんだか元気が出る

超優良な魚定食を西荻窪で◇やまぎし

中央線沿線でもこだわり派の住民が多い西荻窪で、お客のほとんどが中高年というアダルトな店。刺身類も焼魚も煮魚も一級品で、値段だけがB級。大将と年若の女将、(たぶん)大将の母とでサービスする。夜の開店から1時間もするとあらかた刺身がなくなるから要注意

歌舞伎町の〝鰻の寝床〟型深夜サロン◇ひょっとこ

意外と定食屋の多い新宿は歌舞伎町の裏路地で、朝4時まで営業のカウンターだけのお店。小鉢(煮物の盛り合わせ)も新香も付くが、3種(生姜焼き・煮魚・焼魚)の定食は1000円と、ギリギリBグル。常連支配率は高いが、ガラスケースのお惣菜を何品か頼んで静かに一杯やるには都合のいい店

清く貧しく美しく。三鷹の安店◇いしはら食堂

吉祥寺在住で『孤独のグルメ』作者の久住昌之さんおすすめの店。安さなら東京随一かもしれない。驚異の早朝6時から営業で、品目も多いが、20時即閉店は残業組には厳しい。夜の部の客は、堅そうな役所勤め風独身者が多い印象。アジフライ(100円)は小ぶりだが、レモン代わりのオレンジが可愛い

(下)「ひの食堂」の若さぎフライと焼肉。おそらくここでしか食べられない、幸福な組み合わせ

(上)「やまぎし」のさわら焼き定食(800円)。脇に添えられたポテトサラダが上品なお味で

のよい魚を出す、元は魚屋という**「酒・食事処ナカジマ」**も、夜もしっかり定食を食える家庭的な雰囲気が嬉しい。実は唐揚げが美味な上にオムライスが名物という、隠れた名店だ。

しかし、一人で気安くとなると、やはり「水口」。そして、暖簾分け食堂の草分けにして王者の**「浅草ときわ食堂」**だろうか。

「浅草ときわ」も来年で創業90年。リニューアルオープンした店内は清潔感に溢れている。

ここは日替わり定食を3種用意している。夜の場合はこんな感じだ。

【A】メイン1品に小鉢2つ（800円）

【B】肉メインに刺身2〜3点盛り、小鉢（1000円）

【C】刺身3〜5点盛りともう一つメイン（魚か肉か）、小鉢に上新香、味噌汁の具もアサリや蛤に変わる（1380円）

いつもはビールを頼んでB定食にとどめておくのだが、一度「ちまちまつまみを頼むとかえって高くなる」とCを注文したところ、これが飯を大盛りにしたのを後悔するほどのボリュームだった。改装後は、肉々しい餃子が新たな名物となり、活けダコの唐揚げなどもいい酒の肴になる。

ついでだから、ここで東京の随所で見かける「ときわ食堂」について、わかっていることだけでも整理しておきたい。

現在の「浅草ときわ」は1922年、ときわ食堂総本店の第5支店として現在の業平で創業された。元々は幕末の頃に上野にあった料亭「常磐花壇」の食堂部門が出発点だという。

総本店をはじめ他の支店もすべてなくなり、残っているのは「浅草ときわ」だけ。そして、2代目の頃に20軒前後、3代目の頃に5軒が暖簾分けし、現在は22店舗の「ときわ食堂」が東京にあって、「ときわ会」という親睦会を形成している。

なにせ朝早くから夜10時半まで休憩なしで営業する〝元祖ファミレス〟。従業員もけっこうな数で、3代目が東北の高校に直接面接に出向いて採用するという。しかも、社長一家が暮らすビルの中に寮もあって、そこで若手はみな寝食をともにする。勤めて20年になるベテラン従業員すら、妻帯してなお同じビルに間借りしているというから、家族同様に結束が固い。まさに〝金の卵〟のように扱われるわけだ。

浅草人情百景が味わえる摩訶不思議な店◇鈴乃音

浅草から一歩足を伸ばすと、そこには一大風俗街である吉原が控える。その浅草側からの入り口の吉原神社手前に、**「鈴乃音」**はある。なんの変哲もない喫茶店なのだが、これが相当のレベルの魚定食を出すのだ。

女将は、ずっとこのあたりで商売をしているという。だから、吉原の内部事情は手に取るようにわかるらしい。150軒に及ぶソープランドの経営者の多くをペイペイのボーイ時代から知っているという。実際、ぼくが初めて訪れた晩も、仕事を終えたソープ嬢らしき先客が軽く飲んでいた。年の頃30前後のトランジスタグラマーで可愛らしい女性だ。

そして会計時、女将はうっかり源氏名で彼女を呼んでしまった。

「イヤだわ、ママ。私はここではアイコではなく、ナオミなんだから（いずれも仮名）」

彼女にそう言われて、女将は「そうだったわねぇ、ごめんなさいね」。ナオミさんにとって、この店でのひとときはオンとオフの切り替えの時間なのだろう。

そんなやりとりを聞くともなく聞きながら、注文のタイミングを窺う。店頭のホワイトボードを眺めるたびに気になっていた焼き魚。女将が「カジキの照焼なら早くできますよ」というのでそれを定食（700円）で注文する。と、女将はフライパンで魚を焼くのと同時に、味噌汁も一から作りはじめた。できたての味噌汁なんて久しく味わってないなあ……。

カジキに絡む甘辛のタレも、ハムサラダの小鉢も、自家製らしき浅漬けも、まったく衒《てら》いのない家庭の味。わかめと油揚の味噌汁も熱々でいい出汁が出ている。やっぱりできたては美味しい。米も、千葉の農家産のブランド米か、カルガモ農法で作られた宮城の無農薬有機米を直接取り寄せ、交互に使っているという。それがお替わり自由！　おまけに錦松梅風のお手製のふりかけの壺も添えられ、箸を動かす手が止ま

「鈴乃音」のカジキ照焼定食（700円）。自家製浅漬けつきで、超ヘルシー!

居酒屋使いが気持ちよくできる良店

十条の夜を彩るスタミナ焼き◇**味の大番**

「大番」というとグルマンとしても名高い獅子文六の痛快な小説を思い出すが、その精力絶倫の主人公、相場師のギューちゃんもここのからし焼きにはまっ青だろう。ニンニクがふんだんに効いた甘辛のタレに肉を浸し、豆腐と一緒に炒め、ねぎと短冊のキュウリを乗せて供する。これ目当てに来る客が多い

池袋の格安老舗鰻屋◇**うな達**

頭の中が鰻でいっぱい、という時に重宝する鰻屋系食堂。ランチうな丼 680 円は金欠の時は心強いメニュー。金曜限定の〈黄色いお母さんカレー〉（並 430 円から）が人気だったり、600 円でレバニラ定食が食べられたり、夜は居酒屋展開と、池袋東口には類を見ない駅前食堂ぶり

三茶で偉容を誇る〝なんでも系〟◇**芝多**

ランチはオール 730 円で、メニューは常時7種から選べる。夜は家族連れでも賑わう、地元の〝ファミレス居酒屋〟に転ずる。板わさやうるめいわしなどのつまみの他に、スパニッシュとかテキサスとかドラテキ（＝トルコライス）などというライス系洋食が異様に豊富。とんすき（＝肉豆腐）もイケる

十条のソウルフード、名物〈からし焼き〉が暖簾の上にも躍る「大番」

らない。

女将と吉原界隈の景気などについて談笑しながら料理ができるのを待つ間に、新聞奨学生だという若者がやって来て、女将の小学生の息子の相手をする。ご飯が切れたようで、炊き上がるのを待つ覚悟らしい。吉原だけで１００軒は新聞を配るという彼も、ここで泡姫たちと同じ釜の飯を食べているせいか、この街のことにはずいぶん明るい様子だ。

店は夜8時までだが、興が乗れば居酒屋モードに突入するという。いつかここで飲んでみたいものだ。大吉原の門前らしい機微も味わえる、本来なら内緒にしておきたかった店である。

その他、浅草界隈の意表を突く大衆メシ

浅草・国際通りは千束五叉路手前の**「食堂 筑波」**には、昭和レトロな外観のせいでつい吸い込まれてしまった。話し好きのママは以前ＯＬをしており、大妻だったか名門女子校の出身。「下町娘にはそれが場違いで……」と照れるが、父親はタクシー会社を経営し、一時は相当羽振りがよかったらしい。しかし、人が良すぎて借金を抱え、母

親がこの店を切り盛りすることでなんとか家計をやり繰りしていたとか。

お手製というイカフライ定食をオーダーする。衣はパリッ、イカはやわらかくビールにも合いそう。味噌汁にはこだわりがあるらしく、「これで栄養のバランスを取ってほしいからなんでも入れちゃうの」と具だくさん。豆腐に玉ねぎ、かぶなども入って、自然な甘味にほっとさせられる。

軽食店のタンメンなら千束通りの**「甘味処 山口家」**。実はここで甘い物を食べたことはない。たんめん（５６０円）は縮れ麺がさっぱりと、しかし野菜の風味がしっかり溶け込んだスープに馴染んで、優しい味わいの優れものだ。持ち帰りにいなり寿司（1個65円）を買う。これが大変よろしい。

銀座線田原町駅3番出口上がってすぐの**「花家」**は、店頭で香ばしい匂いを立てる焼きそばもいいが、おいなりやかんぴょう巻き、かやく飯のおにぎりもうまい。浅草は実に買い食い天国でもあるのだ。

千束の**「デンキヤホール」**の元祖オムマキ（いわゆるオムそば）も、麺を蒸してから炒めるようでむっちり。「やげん掘」の4種の唐辛子をかけることで旨味が倍加する、堪えられないおやつである。

のれんをくぐれば定食ワンダーランド！！

よりどりみどり！　選ぶ楽しさが定食屋にはある
写真は「丸惣」

上野方面なら、ＪＲ御徒町駅すぐの高架下にある**「御徒町食堂」**も忘れてはならない。和洋中とすべてが揃う、典型的な駅前食堂の風情がいい。夜は8時半と早く閉まってしまうのでなかなか寄れないのだが、通常の定食（刺身、ハンバーグ、ネギトロ、納豆、冷奴）は、もう1品メイン級のおかずを足せるシステムで、その総量はかなりのもの。このおかずは、日替りの他に麻婆豆腐、半ラーメンなど常時6種の中から選べる。丼物のセット類も『ミニ○○丼』とメニューには書いてあるが、普通盛りとまるで遜色のない量が、ラーメンとともに出てくる。このラーメンをはじめ、中華系のメニューが評判のようだ。

ショーケース内のサンプルを見るとハンバーグは国産牛100％とあるので、おろしバーグにして、カキフライを付けてみた。柔らかめのパテにはおろしがこんもり塗りつけられ、たっぷり甘醤油がかかっていてご飯が進む味。味噌汁がしじみというのも酒呑みにとってはありがたい。ホールのオバちゃんたちの快活さも、集客力に結びついているのだろう。

のれんをくぐれば定食ワンダーランド!!

『田中食堂』の巨大サンプル棚

中華圏最大の
ギトうまメシ

幻の魯肉飯《ルーローハン》を求めて

頻繁に食べるものでもないが、たまに無性に食べたくなる中国版「吉牛」のような丼。しかし、なんでもあるはずの東京で、うまい魯肉飯に出会うことは極めて難しい。本場仕込みの味は、はたして街場で見つかるのか!?

うまいだけでは物足りない！　あの〝ねっとりそぼろ〟はどこだ？

魯肉飯は主に台湾で食される〝豚肉の細切れ煮込みかけ飯〟のこと。滷肉飯（発音は同じ）とも書くが、基本的に同じ料理である。その語源については諸説あって、「魯」は発祥の地とされる中国の山東省を指す。「滷」は調理法（元は塩や苦汁《にがり》の意味で、醤油味の煮込みのこと）を表すなど様々で、定説はない。日本では北京語で「ルーローハン」だが、台湾では福建語で「ローバープン」と呼ばれる。

また、同じ台湾でも南北で作り方が異なる。台北では五花肉と称するバラ肉などの脂身やゼラチン質を含んだねっとりした肉あんが好まれるが、台南では梅花肉という赤身のそぼろでより淡白、味つけもあっさりで、肉燥飯《バーソープン》とも呼ばれている。もともと

数々のファストフードがいまだ屋台や簡易食堂で食される台北の街。うまい・早い・安いの三拍子揃った魯肉飯はその代表格だ

屋台の典型的な軽食だったが、1960年に日本でもチェーン展開した「髯鬚張《ひげちょう》」の成功で、ファストフードとして定着。魯肉飯の表記も一般化したらしい（現在は金沢に2軒残すのみ）。

ぼくが魯肉飯に恋したのも「髯鬚張」がきっかけだった。かつて皇帝しか食べることのできなかったという、コラーゲン豊富な豚の顎下肉をじっくり5時間以上煮込んで作る魯肉飯を、庶民が気軽に食べられるなんて実にありがたい。豚足煮込みなどの小皿メニューも充実しており、紹興酒の独酌を適宜楽しんで、シメに魯肉飯という流れが常だった。

「髯鬚張」が東京他から撤退し、その禁断症状が出始めたのが、ちょうど本書の取材に本格的に取り組み出した頃。ぼくは魯肉のあるなしを基準に東京の台湾料理屋をチェックしたが、そもそも足繁く通った渋谷の「麗郷」や「龍の髭」にもこのメニューは存在しない。他の有名店も似たり寄ったりで、出すとしてもいわゆる角煮を乗せる焢肉飯《コンバープン》をそう呼んでいたりする。

まだまだリサーチ不足なのだが、まず理想に近い魯肉飯ということで思いつくのが、横浜中華街で少数派の台湾料理店である**「秀味園」**。500円でボリュームたっぷり、かつ満足感もある。角煮と肉あんのハーフ&ハーフ丼だが、味の濃厚な高菜も乗って、ジャンクさはかなりのもの。その他、阪東橋にある**「銭爺《ぜにや》」**も本場風と評判だ。

しかし、これはあくまで横浜でのこと。ともかく、同じレベルの魯肉飯を東京で探さないと話にならない。原宿の**「千」**などかなり重宝する店だが、その魯肉飯は完全にオリジナルな肉あんかけ飯。卵コーンスープもついて670円はランチに最適だ。

客家《はっか》料理がウリの仲御徒町の**「新竹《しんちく》」**の魯肉飯はさすが洗練されており、とても美味。茅場町の**「台南茶寮」**はそぼろが軽くかかるが、どちらかといえば焢肉飯。しかし、これはこれで美味しい。

渋谷**「故宮」**の魯肉飯は、トマトも添えられた盛り付けが垢抜けていて、ねっとりしたそぼろの味わいがかなり本格的。また、池袋西口にある**「東明大飯店」**は中華ファミレスとも言うべき巨大店だが、ここで最近、〈台湾丼〉という呼び名で出す品（弁当も可）がまさに魯肉飯だった。どうも賄いをメニューに加えたらしい。

禁断症状があまりに激しいので、ちょっくら台湾に足を伸ばそうとしていたのだが、こうした動向を見る限り、ルーロー人気の再燃も見込めそう。未体験の人はぜひ食べてみてほしい。

東京では希少な絶品魯肉飯!

東明大飯店（池袋）
魯肉飯 670円

肉そぼろと脂身が半々で、スパイスの香りが漂う。炒めた高菜が甘くて美味しく、かき混ぜるといい塩梅に

故宮（渋谷）
魯肉飯 680円

デートにも使えそうな上品なお店の、淡白で軽い味わいの魯肉飯。香菜がトッピングしてあるのも嬉しく、女性にもお薦め

これぞ2大王道ルーロー

台湾客家料理　新竹（仲御徒町）
客家丼 700円

新竹とは台湾にある町の名。この店では客家丼と称するのが魯肉飯。脂濃さはほどほどで、肉の味が強く非常にうまい。500円で弁当も提供している

台南茶寮（茅場町）
魯肉飯 670 円

角煮も乗ったダブル丼。これでランチ670円とは嬉しい限り。デザートもつく。中華スープの代わりに味噌汁がつくところが面白い

千（原宿）
魯肉飯 670 円

原宿の業界人御用達のお店。ツユダクな魯肉飯で、ミンチスープかけご飯といったところ。他店とは違った一品だ。500円の安さからすれば、相当のボリュームがある

高味園（新高円寺）
メニュー外 850 円

角煮丼ならあるというので、担仔麺などに乗せるそぼろを合い盛りしてもらった。魯肉飯も以前は出していたという。目玉焼きまで乗せてくれて、角煮丼の50円増の850円

学生街安ウマ店鳥瞰図

学生あるところにBグルありき。本章では伝統の東京六大学のホームタウンを中心に、学食以外にその食欲の向かうところを検証してみたい（明大は【神保町編】を参照）。いわゆる校風や学生層の違いが、食にどこまで反映されるかを、ちょっと駆け足でスケッチしてみよう

東京大学本郷キャンパス～本郷三丁目

日本の頭脳・東大生の胃袋を支えたバンビ

まず手始めは本郷。言わずと知れた天下の東京大学のお膝元である。最近でこそ、地下鉄・南北線が開通して東大前なる駅も生まれたが、あれは場所的には〝東大農学部前駅〟のほうが正しい。それはともかく、東大前駅までひっくるめると、根津まで範囲が広がってしまうので、ここは本郷三丁目周辺に焦点を絞ろう。

東大の洋食といえば、ずっと赤門前の「バンビ本郷赤門店」だった。典型的な学食の延長上のような店だが、その「バンビ」が今年（2011年）8月4日に全焼してしまったのだ！　そこで、本郷で他に洋食屋を探していると、隠れ家的名店を発見することができた。家族経営のチームワークが素晴らしい、**「キッチン まつば」**だ。

訪問日のランチは2種類の日替わり（800円）に、定番のハンバーグとエビフライ950円が1種。日替わり唐揚げとハンバーグのセットをチョイス。これが大変な実力者だった！

東大の中に数ある学食でも一番オアシス度が高い
「銀杏メトロ食堂」。ゼミコンパなどでも大活躍

ジューシーな唐揚げは、衣がサクッと軽く、箸で割ると肉汁が溢れてくるハンバーグは、予想外にむっちりと肉々しい。つけ合わせにはケチャップで控えめにソテーしたスパゲッティが添えられ、よく出汁が出た味噌汁はほどよい薄味と、女性やシニアに愛されそうだ。〝おふくろの味〟は人それぞれだろうが、これらはぼくにとって亡き母の作る食事をリアルに連想させるものだった。

垢抜けた店が多いのが、本郷らしさ？

赤門のはす向かいの小さな路地、〝落第横丁〟へと入っていく。ここには戦前、食堂やカフェならぬカフェー、玉突き場などがひしめいており、文字通り入り浸れば落第間違いなしで、その名がついた。

京都の三高を中退し、東大を目指すと偽って上京した作家の織田作之助が通い詰めた「ペリカン・ランチルーム」も、かつてここにあった。日中戦争勃発後は古書店になってしまったが、この

「キッチンまつば」の超家庭的な味つけ、盛り合わせ……。毎日でも通いたい！

学生街安ウマ店鳥瞰図

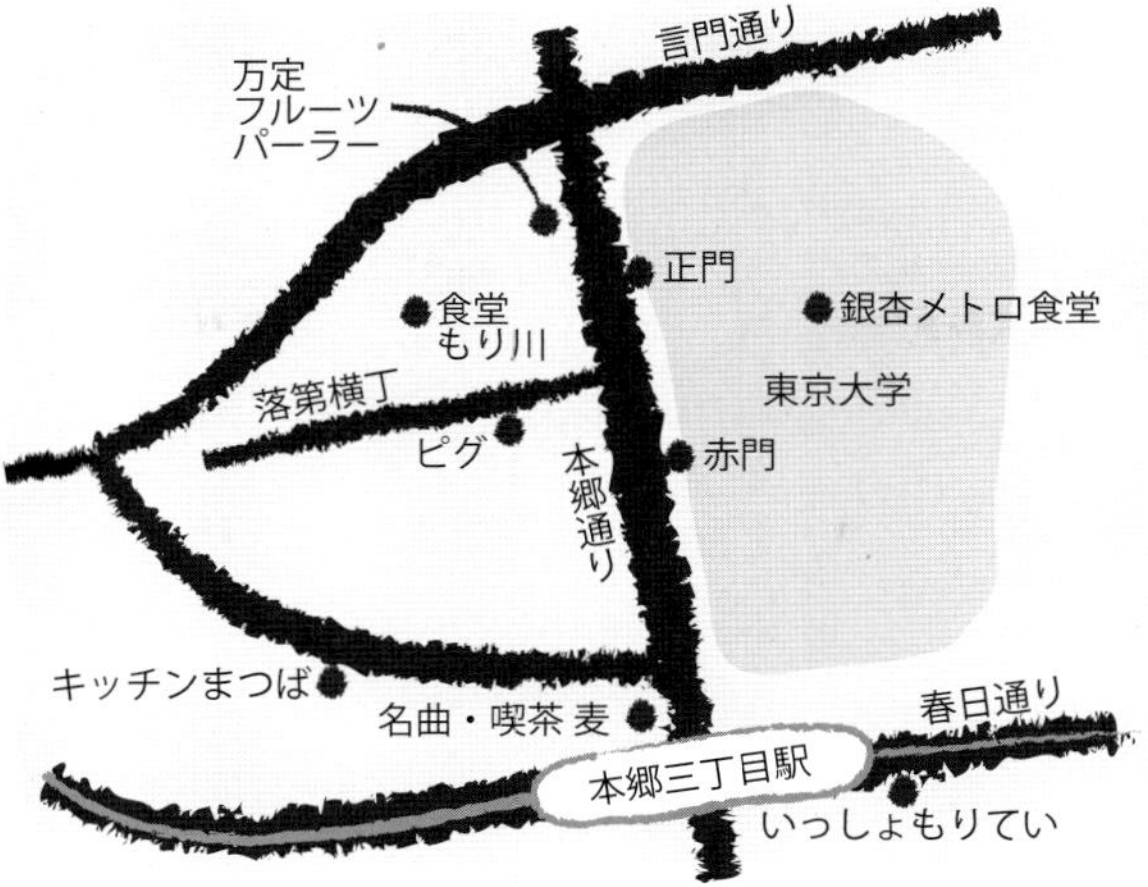

界隈は戦災の被害を受けなかったため、一歩路地裏に迷い込むと今でも往時にタイムスリップできる。新しい店も古い建物に居抜きで入っており、なんとも趣深い。

残念ながら2010年4月いっぱいで閉店した「大島や」の餃子ライスはサービスの唐揚げが実は主役という一品で、東大の体育会系や肉食系男子に愛された。そう、肉食と言えば、同じ横丁にある鉄板焼きの**「ピグ」**。ここでは、豪州産サーロインステーキ200gがなんと880円で食べられるのだ！

ステーキは、すりおろしたニンニクやレモンの酸味が効いた特製ソースをかけて食べる。両者のコンビネーションが、ステーキに実によく合う。また、ここの生姜焼きは厚めのロースが4枚も乗るらしく、今度はぜひ挑戦したい。

本郷には四川料理の「栄児《ロンアール》」など本格中華がけっこう目立つが、庶民的な中華定食屋は激減したようだ。そこへきて大食いマニアを唸らせているのが、自家製麺が自慢の**「いっしょもりてい」**。

（上）創業は明治にさかのぼる「食堂もり川」（右）肉豆腐もカツもボリューム満点。まさにキャンパス外の学食

最大7玉まで（5玉までは1100円）増量できる〝自由盛〟の塩焼きそばで知られるが、最近では極太スープ焼きそばがBグル度高し。近いものとして、栃木の那須塩原ではスープ入り焼きそば、青森の黒石市ではつゆ焼きそばが有名だが、同店はまずスープとそばが別々に供され、〝一石三鳥〟を謳っている。麺が太いのは黒石寄りだろうか。長野県・伊那名物のローメンも想起させる。いずれにしても、今後のトレンドになるかもしれない。

東大近辺でガッツリと定食を食べるなら、**「食堂もり川」**がいいだろう。1902（明治35）年（推定）から営業しているという、老舗中の老舗だ。

はじめにカウンターで会計を済ますのも、なんとなく学食を彷彿とさせる。

今日の日替わり定食（800円でランチタイムは50円引き）は、肉豆腐&とんかつの組み合わせ。どうやらこれは定番のようだ。

とんかつをも凌駕するほどに食べごたえのあ

る肉豆腐は、豆腐よりもやわらかく仕上がった肉が際立つ。下町的とまで言わないが、ご飯が進む関東風の濃さを維持しており、とんかつも1片、その汁に浸しながら食べてしまった。

東大生は恵まれている！　と思わせるのが学食。学食の**「銀杏《いちょう》メトロ食堂」**は座敷つきで、午後3時を過ぎればアルコールもOKという寛大さ。逆に3時までだと、目の前で肉野菜炒めを作ってくれる〝炒《チャオ》〟というサービスがある。具材は牛・豚・鶏の3種類、さらにソースも塩胡椒・回鍋肉・カルビの3種類があり、それぞれお好みを選ぶことができる。本当は、それをつまみにビールが飲めれば最高なんだがなあ。

本郷の老舗喫茶店

本郷にはまた、セイロン風カレーで有名な**「ルオー」**、昭和なレトロケーキが味わえる**「近江屋洋菓子店」**などたくさんの喫茶店がある。

丸ノ内線・本郷三丁目駅から地上に出てすぐの**「名曲・珈琲 麦」**は、ルネッサンスかバロック、バッハ時代までのクラシックがつねに流れている落

「麦」（下も同様）の落ち着き払った店内。控えめにバロックが流れる。ここなら勉強もはかどりそう?

リッツのチーズ乗せ、パスタ、ワインにデザートかドリンクがついて1000円！

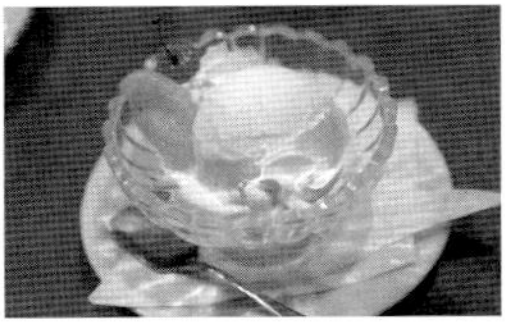

シメにバニラアイスを選択。フルーツやホイップクリームが添えられる

（左）このままで、戦前が舞台の映画の撮影ができそうな「万定」店内（上）80 年間もこの店を見守ってきたレジスター

（左）看板の意匠や配色が絶妙な「万定フルーツパーラー」（上）真っ黒なカレーからは歴史が薫る（左下）オレンジをその場で絞る生ジュースは一服の清涼剤

ち着いた雰囲気。しかしそれとは裏腹に、食事メニューは潤沢に揃っている。グラスワインにオードブル、メイン（6種のスパゲッティ・ピザトースト・ピラフ・サンドイッチから選択）、それにドリンク（珈琲か紅茶かミルクかバニラアイス）がつく夕方からのイブニングセット1000円がお得で、食べごたえも充分だ。

そして、まさに生きる化石・シーラカンス的な存在感を放つのが、創業1914（大正3）年の**「万定《まんさだ》フルーツパーラー」**。

ぼくにとってはこの上なく寛げる店なのだが、学生の姿はあまり見かけない。名物の真っ黒なカレーライスは、もはや論評する必要はないだろう。うまいまずいを超越した、いぶし銀の風味を感じる。昔から変わらない手搾りの天然オレンチジュースが、爽やかに前世紀を薫らせる。

今はさすがに飾ってあるだけだが、店の歴史をずっと見守ってきた1934（昭和9）年製のレジスターといい、いまだ現役というコーヒーミルも戦後すぐの製品で、アンティーク好きにはたまらないだろう。

ぼくが店を後にするちょうどその時、東大生らしき男女が恐る恐る入ってきた。「ようこそ！」と、ぼくは思わず声をかけたくなった。きみたちには、この歴史の伝承者になってもらわないとね。

早稲田大学本キャンパス～早稲田・高田馬場

都の西北・ワセメシのガッツリ加減

少し上品な東大から気分を替えて「これぞ学生街！」な早稲田界隈に足を向けてみよう。

早稲田には早大早稲田キャンパス（本キャンパス）を取り巻いて、さらに、高田馬場や江戸川橋方面に伸びるように計7つの商店街がある。今なお町ぐるみで早大を愛しているのだ。

早稲田界隈のBグル店の充実ぶりは段違いだが、およそ多くの店が、安い！　量がすごい！　となる。これぞ、人呼んで〝ワセメシ〟である。

その中で、早稲田通りの**「キッチンオトボケ」**と南門前の**「キッチン南海」**、そして正門通りの通称〝わせ弁〟こと**「わせだの弁当屋」**の3軒は、まとめて〝早稲田の三大油田〟と呼ばれているようだ。

「南海」の代わりに西門前の**「三品食堂《さんぴん》」**を挙げる人もいる。店名の〝三品〟とは、すなわち牛めし、カレー、とんかつのことで、この店ではそれらを自在に組み合わせることができる。そもそも当代のご主人の母堂が学生のリクエストに応じるうち、その素晴らしいメニュー構成ができあがったという。

カツカレーはみなさんご存じだろう。「松屋」のおかげでカレー牛も定着した。となると、まだまだ市民権を得ていないのがカツ牛か、いっそのこと「全員どんと来い！」とばかりにミックスを頼んでみよう。牛めしは豆腐入りで甘めの味つけ、

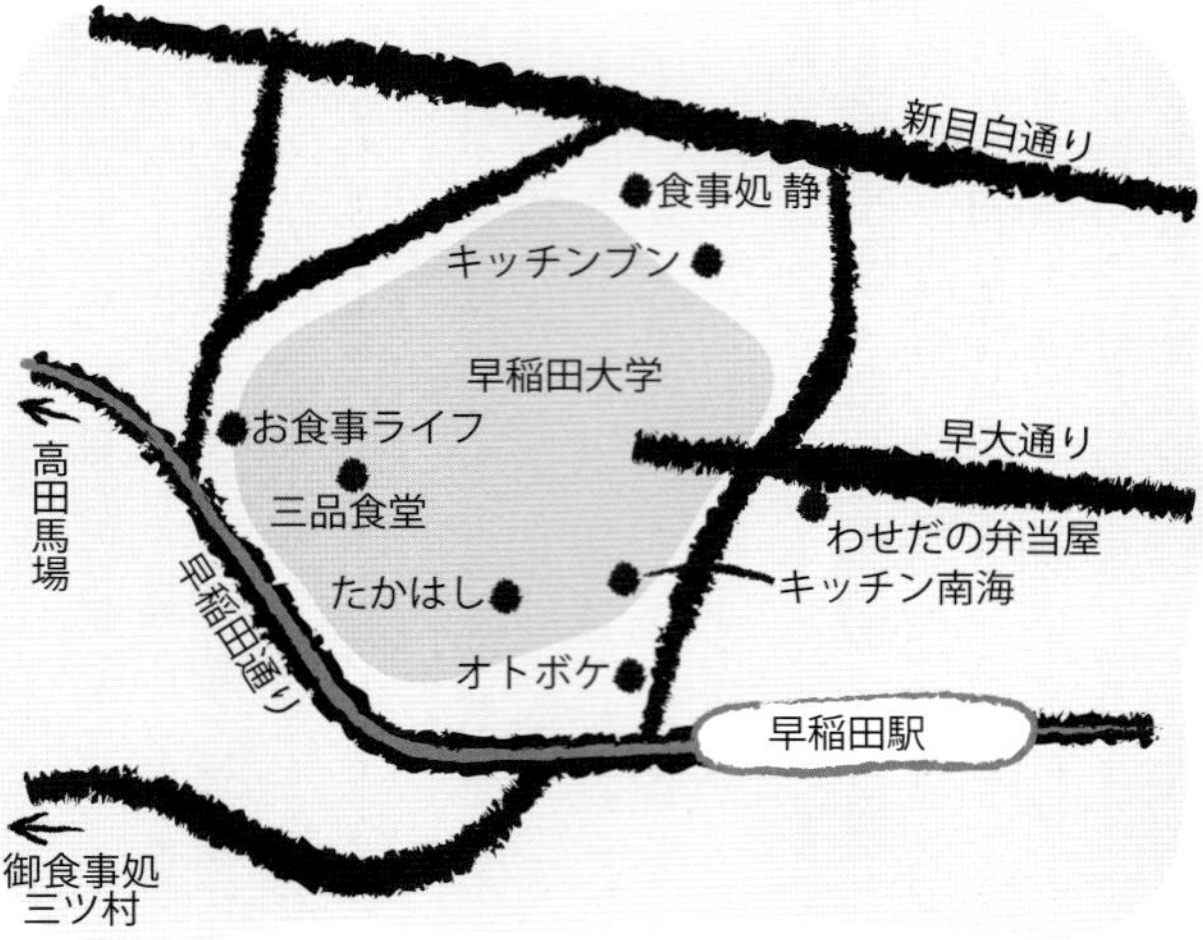

「オトボケ」は通称〝早稲田の第2学食〟。数々のメニューが学生たちを迷わせる

黄色いカレーはお家系、カツは薄めでサクサク。これらが力を合わせると、確かに三位一体の魔力が生じる。

この早大西門通りの反対側には、豚肉丼のメガ盛りで知られる**「お食事 ライフ」**がある。1964年開業と、「三品」よりも1年先輩だ。

メニューにはハンバーグもカツもあるが、ほとんどの人が生姜焼き定食か肉丼、肉丼とカレーとの合いがけを注文する。

この生姜焼きは、手のひら大の厚いロース肉が2枚、お皿の上に所狭しと乗せられてやってくる。「テーブルマナーをきちんと身につけるように」という早大生へのさりげない配慮か、ナイフとフォークが供される。

肉丼は、甘辛く煮込まれた豚肉がご飯に実によく合う。並なら肉とご飯がほぼ同量で、コストパフォーマンスも高い。カレーもクセになる味で、オヤジさんのトークも含めて、たびたび通いたくなる魅力に溢れたお店だ。

出汁の名店も早稲田にあり

「三品」もだが、早大休校日を定休に掲げるのは、大隈通り中腹にある1979年創業の**「キッチンブン」**。それだけ学生に愛されている証拠だ。種類豊富なハンバーグが売りで、セットでつくコンソメスープをすすり、キャベツのせん切りサラダをつまみつつ主役の登場を待っていると、それだけで満たされてくるものがある。

今や看板のふわとろのオムライスは、意外にもほんの10年前から始まったという。女子学生のニーズを汲んでのことか。1週間煮込まれたデミグラスソースに牛肉がしっかりと入ったビーフオムライスは、なんと850円という安さ！

そして、この通りで奇跡のような店は、560円から定

「ライフ」の肉丼は豚肉。独特のコクはやみつきになる。上はメニュー表

食が食える**「食事処　静」**だ。格子戸と縄のれんの外観が小料理屋のようで一見入りづらいが、ショーケース内のメニュー札を見て、その安さに我が目を疑う。２匹の愛猫のお出迎えがあるのも猫好きのぼくには嬉しい。

奥さんの故郷は茨城県の港町、大洗町。そこから米や味噌とともに新鮮な煮干しを取り寄せており、香りのよい自慢の味噌汁が作られる。

このお店の食材には、冷凍食品が一切使われていない。近所の市場で調達したアジで作るアジフライが、サクサクしていて実にうまい。小さいアジなら、２尾をそれぞれ２枚に下ろし４片にして揚げてくれる。つき合わせのマカロニサラダも絶妙な引き立て役になっている。

他にも早稲田で和定食が食べたくなったら、仕出しも行う南門前の**「たかはし」**、理工学部キャンパスそばでオール７００円の定食を提供する**「御食事処 三ツ村」**がお薦めだ。

両店とも昼のみ営業というのが残念で、学生というより教職員たちの御用達となっている。「三ツ

（上）知る人ぞ知る「三ツ村」（下）さっぱりした魚定食が
看板だが、飯の盛りはやはり学生仕様

村」の塩サバは丁寧に下処理されて小骨も抜かれ、すだちにゆで卵も添えられる。小鉢のカボチャの煮つけやマカロニサラダもいい塩梅。つい無理言って、缶ビールで乾杯させてもらいました。ええ、昼間っから。

ここ早稲田からまた新たなBグルの流れが生まれる可能性も高い。学生やOBたちに愛され続ける名店は、必ずや残るはずだ。

慶応義塾大学～三田・田町

陸の王者は庶民感覚が希薄？

早稲田のこの陣容と比べると、慶応大学のある三田・田町界隈は、だいぶ見劣りがする。企業街であるゆえに〝学生とともに〟という意識が薄く、学生もまた、「銀座に飲みに行くからいいや」と地元愛に乏しい様子で、ワセメシならぬ〝ケイメシ〟となるような発展がなかった。やはり、校風というものがあるのだろう。実際、正門前には「ガスト」や「おはち」といったチェーン店が幅を利かせている。

田町自体、飲屋街はえらく賑わっているし、安ウマな店もそれなりに多い。しかし、慶大との結びつきの濃さを感じさせる店は数えるほどだ。

特大オムライスが評判の慶応仲通りの中華料理店**「亀喜《かめき》」**などは、まだしも慶大体育会の御用達のようで、数々のペナントが飾られてある。先日、ぼくはこの店を、ずっとアメリカ暮らしをしている親友（ただし上智卒）一家の接待に使ってみた。

一家の住むワシントンDCにもチャイニーズレストランは数あろうが、オムライスが看板の〝日本式中華〟の真髄を味わってもらいたかったのだ。

メニューに〝支那酒飯〟とあるように、中華も出す居酒屋というのが「亀喜」の正しい姿である。つまみにはいかの沖漬け、新島のくさや、牛もつ

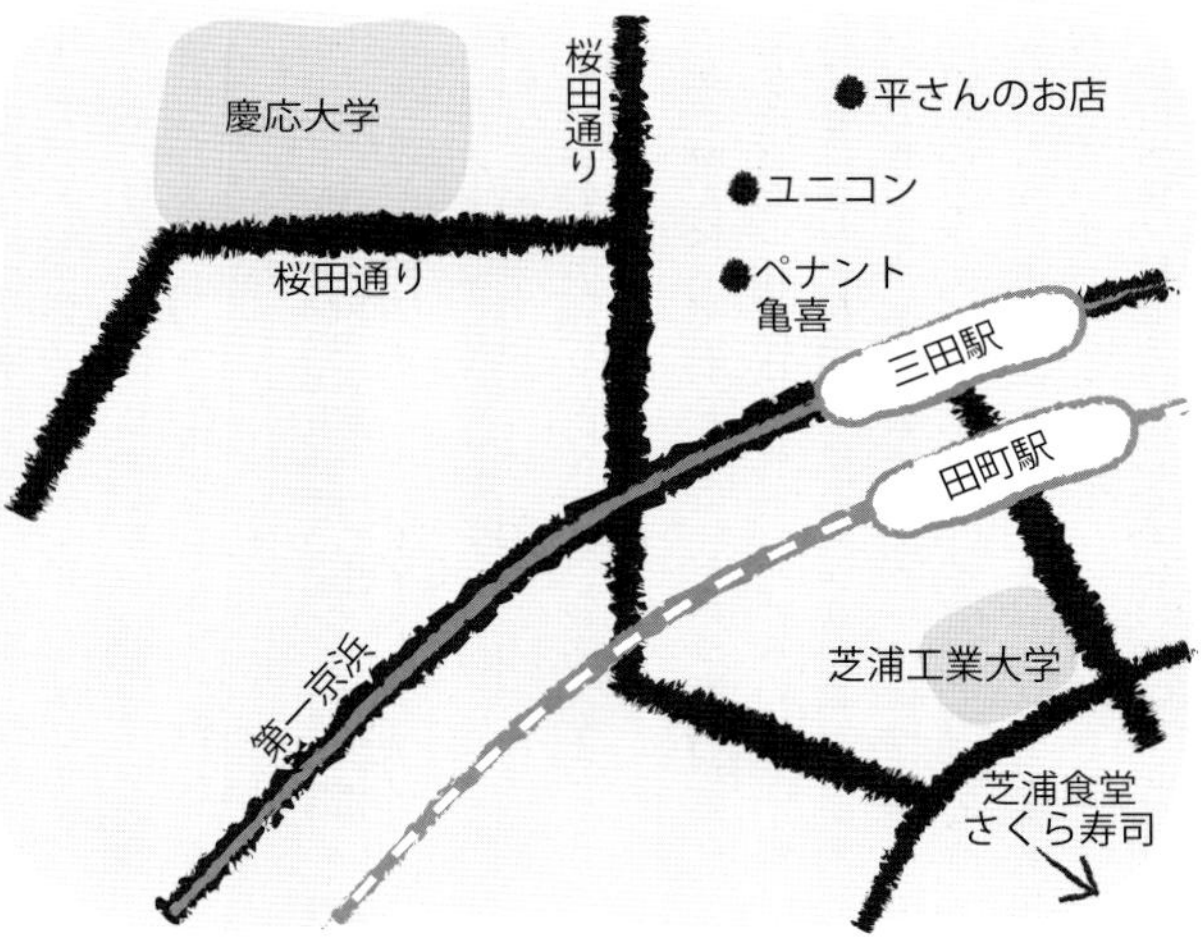

煮なども。親友の奥方のリクエストで、まずは自家製あじ酢を注文。これがかなりの量で、しょっぱなから面食らう。

続いて、モンキーバナナ状の餃子が親友の子どもたちの目を奪った。1個でゆうに2個分ある。これなら5人で分けても大満足。ひとつ余ったのは、餃子が大好物という長女に献上した。焼きブタは長男が所望。これも柔らかくて大変なボリュームである。野菜のうま煮は塩味で透き通った仕上がり。さっぱりいただける。

そして、オムライスの登場で全員が沸き立つ。「なんじゃこりゃー」と長男、「おっきー」と長女、ざくっと中を割って見せると、今度は奥方が「うわー、お肉も大きいわ」。同店は唐揚げに鳥取大山鶏を使っており、このゴロゴロと強烈な存在感のチキンも同じ産地と見える。一人で食べるには十分すぎる量だが、その日はみんなで取り分けたのであっという間になくなった。

2階席にはわれわれだけだったこともあり、女将さんは小皿を次々に用意し、子どもたちにもあれこれ気を遣ってくれる。そんなおもてなし感も嬉しいお店だった。

気取らぬ希少な慶大生の寄合所

さて、仲通りにある喫茶店**「ペナント」**で食休みを試みる。この店は、BGMに長渕剛がずっとヘビーローテーションされている。よく見ると、壁にはポートレイトやタオルなどの長渕剛グッズが貼りつけられている。池袋の外れの矢沢永吉で塗り固められた「大将ラーメン」を彷彿とさせ、まるで慶応らしくない。

店の趣味はさておき、20段階で辛さが調整可能のドライカレーは、けっこうイケる（結局また食ってる……）。具も豚コマ、玉ねぎ、卵だけの超シンプルな、いわば〝カレー炒飯〟だ。ニンニクたっぷりのピラフが〈ニンピラ〉、〝チキンなしのチキンライス〟が〈ケチャピラ〉と、メニューに符《ふ》牒《ちょう》らしきものが出てきて、面白い。溜まり場として重宝されているのだろう、野球部や落研の額入り写真、寄席書き色紙なども飾られており、ここだけは学生街的ノリを醸している。夜は、この炭水化物メニューでみなコンパに興じるのだろう。

その他、肉系を中心とした丼がウリのパブ**「平《へい》さんのお店」**、太っ腹盛りパスタが嬉しいイタリアンの老舗**「ユニコン」**など、ランチにはガッツリの一面を覗かせる店はあり、多くの居酒屋も学生対応策を取ってはいるようだ。

さらに芝浦まで足を伸ばせば、港で働く男たち向けの安くてボリューミー系の店も散見する。慶大生がそこまで遠征するとは思えないが、交通も不便なため、ぼく自身未開拓のエリアであり、期待できそう。寿司屋なのにカツ丼を出す**「和洋食さくら寿司」**、サーロインステーキがランチで600円の港湾宿泊所内にある**「芝浦食堂」**など、タクシーの運転手さん御用達の食堂類には、非常に興味を惹かれるところだ。

上智・法政大学〜四谷・市ヶ谷・飯田橋

Bグルも重要な大学選びの要素である！

さて、今や〝早慶上〟の超難関の一角、上智大学のお膝元・四谷も見ててみよう。

洋食の**「バンビ 四ツ谷店」**、具なし焼きそば（カキソース和えそば）が秀抜な中華の**「嘉賓《かひん》」**、セットがお得な市ヶ谷や虎ノ門にもある中華の**「俵屋」**、タイ＋ベトナム料理の**「稲草園《とうそうえん》」**……と、思い浮かぶ店の多くは駅前のしんみち通りに固まっている。

同い年の従兄も上智だったが、先の親友と同様、「学食はうまいの？」くらいしかその手の話をした覚えがない。女子占有率が高く、自宅から通う女学生が多い慶応や上智は、キャンパス周辺の外食文化はなかなか栄えようがない。そこで、自分も通った法政大学の話になる。

都心で地の利は抜群によかったが、飯田橋と市ヶ谷の中間に位置するキャンパスは、ある種〝陸の孤島〟。学生のための安ウマ飯屋が周囲にあまりにも少ないのは、計算外だった。

飯田橋には名画座ギンレイホールがあるので、今でもよく出向いている。通常サイズ１００個分に値するメガを超えたコングロマリット餃子（なんと９６００円）と一升炒飯（５８４０円）で知られる「神楽坂飯店」脇にあった佳作座は、ギンレイ同様、小学生の頃から家族で出かけた数少ない名画座。池袋の文芸座とともに、名物のホットドックなど館内飲食も楽しみの一つで、映画の記憶が風化しても、その思い出は心に焼きついている。

ともかく、大学外のメシはこの名画座の並ぶ一角ですべてが事足りた。いや、今でも足りる。カレーが美味しい定食屋**「インドール」**には当時もちょくちょく通ったが、真価に気づいたのはだいい

学生街安ウマ店鳥瞰図

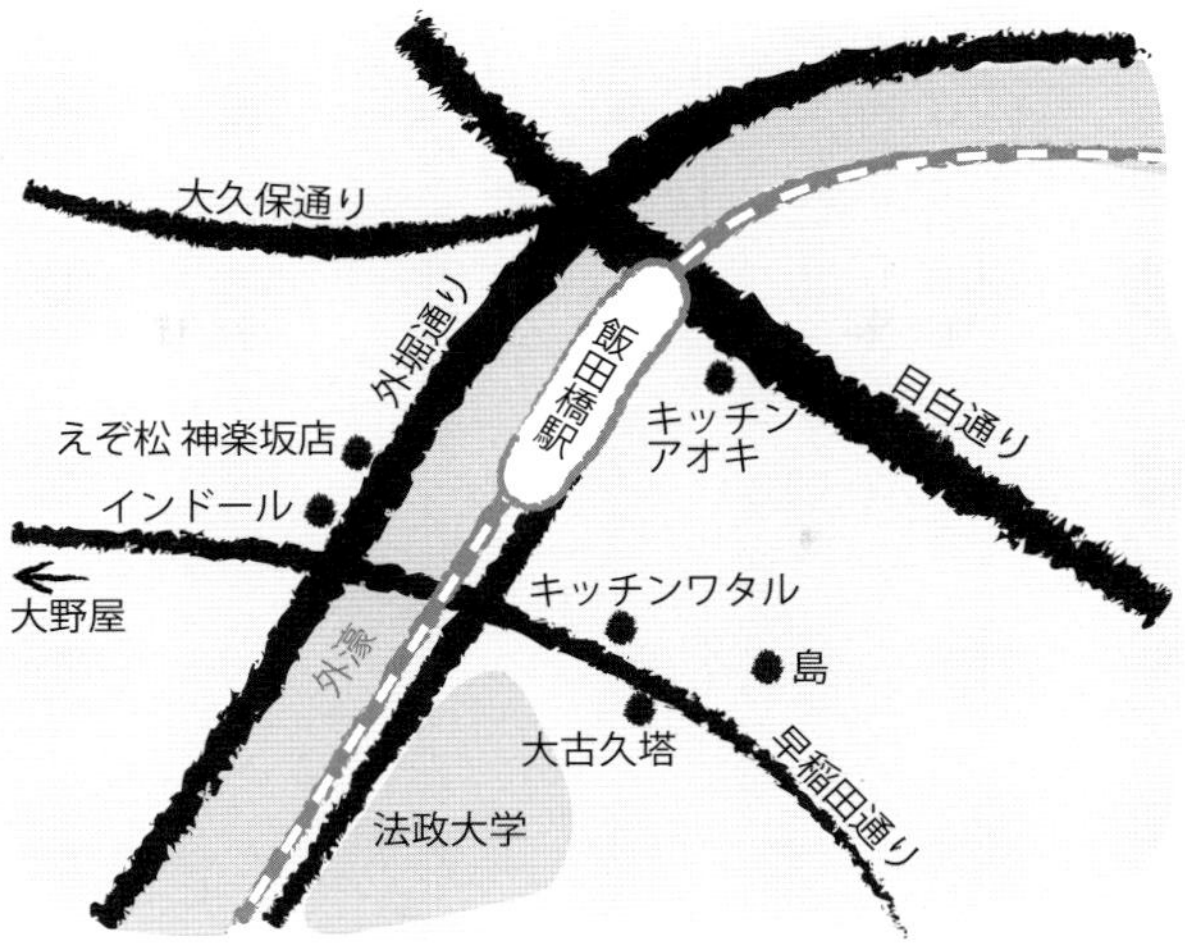

ぶ間を置いて、そこで一杯やるようになってからだ。そもそもビールを頼まずとも、お通しがこれでもかとついてくる。スポーツ新聞にテレビもあって、ついつい長居したくなるが、なんせトイレに行くのも憚られるほどに小体な、カウンターだけの店。定食のおかずだけ先にもらってビールをぐぐっと飲み干したら、50円追加で大盛りにしたご飯を、やはり50円の豚汁と備えつけの福神漬けの力も借りて一気に食べきる。ここの豚汁はすっきりしていて後味がいい。化学調味料を使っていないからだろう。もちろん、福神漬けも無着色。

　豚肉の生姜焼きも人気だが、若どりのソテートマトソースもいい。肉厚のポークソテーもイケる。ふっくらしたハムオムレツはまだ頼んだことがないが、実にうまそうだ。おかず単品、カレーでシメという手もたまに使う。そのカレーがまたスパイシーで絶妙なのだ。

常連客の定番「えぞ松」の〝ホイ〟

「インドール」同様、お隣にある**「えぞ松 神楽坂店」**も、デートにはやや不向きなお店。といってもぼくはギンレイ帰りに女性連れで入ったことがある。遅くなると辺りは飲み屋しかやっていないからだ。

「いつもこんな所ばかりに連れてくる〜」と、最初は文句たらたらだった当時の彼女も、ここの脂ぎって焦げつき、決して見た目はよくない餃子を一口食べると「でも、美味しいから許す」と言ってくれたものだ。

ここはそもそも札幌ラーメンの店で、味噌ラーメンは驚異の野菜マシマシ加減。しかし、客のおよそ7割は、名物ホイコーロー定食を食べている。これは今や、東京Bグルの十指に入るメニューではないだろうか。

これ、定食と名乗ってはいるが、いわゆるぶっかけ飯。客も座ったらすぐ、ただ「ホイコーロー」とか「ホイ」と一言放つだけ。そうすると、タイミング次第ではものの十数秒で、大量に盛られた飯に味噌で炒めた肉とキャベツがドサッと乗っかって出てくる。

汁椀も、味噌汁が出るかラーメンスープが出るか、その日次第。口の中がサッパリするから、ぼくはスープだと当たりの気分になる。

実際、ぼくは「インドール」と「えぞ松」のどちらを選ぶかでコンディションを測っているくらいだ。「よし、今日はえぞ松に行けるな」ってなもん。それくらいヘビー級。でも、男の意地で、ご飯少なめなんて絶対に頼めない。

ホイコーロー・マイスタイル

「えぞ松」には飯田橋駅の反対側に広い本店があるが、ぼくにはこのカウンターだけの神楽坂店こそがホームグラウンドだ。

自家製のおろしニンニクと豆板醤適量を皿の隅に盛り、混ぜながら肉にまぶして食べるのがぼくの基本スタイル。さらに一味唐辛子をかけたり、ところどころラー油やブラックペッパーの刺戟を加味してもいい。それでも飽きがくるようなら紅生姜を投入。ソースをちょっぴりかけてもいいだろう。このパターンを編み出してから、大学時代には敬遠すらしていたホイコーローが大好物になったのだ。

そして最近、ホイコーローのいわば〝ヘッド〟を麺に乗せ、さらに目玉焼きをトッピングした〈回鍋肉玉麺〉が、ついに登場。

しばらく静観していたが、先《せん》だって勇を奮って注文すると……これがかなりうまい！

甘味噌ダレが魚介風味の強いスープに溶け込み、そこに卵のとろみが加わって、未知の味がする。辛抱たまらず小ライスも追加。残った具をスープに浸して、食べきった。

少数精鋭の飯田橋〜神楽坂のBグル勢

飯田橋駅周辺（反対の市ヶ谷に食事目的で出ることはほとんどなかった。学生向けの店が今でもほぼ皆無）に出ると、沖縄料理の老舗**「島」**がある。学生思いの良心的な価格設定で、ランチは煮込み定食が６００円程度。夜に行ってもそう高くはない。ここで泡盛の味を覚えた法大生も多いだろう。

弁当のテイクアウトが大繁盛の**「キッチン ワタル」**も、今では貴重な残存店となった。ここのスペシャルランチ（７８０円）は、一口サイズよりやや大きめのハンバーグ・クリームコロッケ・エビフライ・チキンカツ・若鶏の照り焼き・卵焼き・スパゲティ・サラダなど、その日の弁当の惣菜がギューッと全部寄せ集められている。

ほとんど惣菜は、その場で調理してくれる。ご主人のせわしない動きを見るだけでも楽しい。いずれも、これぞ弁当のおかずという味つけで、まさに大人のお子様ランチだ、ベラボーめっ（という感じ）。

駅前の洋食だと、**「キッチン アオキ」**。こちらは学生時代にはあまり足を運ばなかったが、先日久しぶりに訪れて、その良さを再認識した。９００

円の日替わりランチは、カレーに小鉢までついて大変お値打ちだった。

3つに分けられたお重の左にメイン（その日はハンバーグにイカフライにスパゲッティ）、真ん中にサラダ、右にカレー。別皿で冷奴、そしてご飯と味噌汁で、満足のいく遅昼となった。フライ、ハンバーグ、カレーを交互に口に運び、量のあるライスを平らげると、立ち所に腹が膨れた。

揚げ物といえば、神楽坂をしばらく上ったところにある、精肉屋直営の**「大野屋」**が秀逸だ。今どき珍しいスコッチエッグも、ここなら食べられる。お隣の精肉屋で販売するお惣菜をイートインできる、と捉えたほうが正解だが、単品が安いので、ビールのつまみにチマチマ頼むうちに満腹となり、定食に辿り着けないまま退散というパターンが多い。

中華では、餃子とタンメンが有名でレバニラも美味の**「おけ以《い》」**の通りは、「青葉」「大勝軒」と、いつしか有名ラーメン屋で埋まっていった。しかし、灯り角には「日高屋」まで出店している。曲がり角には「日高屋」まで出店している。灯台下暗しに最近気づいた。いわゆる中中（中国系中華）とばかり思い込んでいた**「大古久塔《だいこくとう》」**だ。

入り口に創業30周年感謝祭として、餃子、麻婆豆腐、エビチリなどを300円で提供中とある。時計を見ると、ちょうどそのサービス開始時間の13時。2皿頼んでライスセットにしても100円増しの700円とはありがたい。好物の焼売も自家製というので頼み、もう1皿はレバニラにした。

もやし抜きのレバニラは、ニラが半生シャキシャキでうまい。一方の焼売も注文してから蒸すようで、出てくるのに時間はかかったが、やわらかくも肉の味わいがきっちり感じられる。この700円サービスは夜も行うとのことで、当分の間、ギンレイ帰りの楽しみが増えた。

こう顧みると、法政も早稲田や明治に負けていない。むしろ、学生だからと過保護にされず、大人と肩を並べて飲み食いする環境が整っている気もする。そこでヤケに順応性の高いOB・OGが養われるのである（ということにしておく）。

立教大学～池袋駅西口

せっかくの池袋を使いこなせぬ立大生

Bグル的に池袋は最強の町だが、ここでは立教のある西口エリアのみを紹介する。

まず大塚にもある**「キッチンABC」**はマストだろう。ランチは焼肉630円からだが、120円足せばハムカツ、メンチカツ、チキンカツがつけられるとなると、迷わず盛り合わせ定食だ。カレー風味ではない、肉と野菜の卵とじご飯〈インディアンライス〉、ニラ肉目玉焼き乗せご飯〈オリエンタルライス〉の2大巨頭も眩しすぎる。

ぼくはというと、3品盛りの日替わり（720円）のお得感に負け、ついこちらを頼んでしまいがちだ。

池袋には2010年夏、江古田から移転し、しかも深夜営業となった**「洋庖丁」**もあるではないか。高田馬場、板橋、大山にもあり、以前は東中野や阿佐ヶ谷にもあったBグル系洋食の名店。池袋店の特徴は夜のテイクアウトの多さ。黒服風が次々に注文した料理を取りにくる。ぼくのなじみの馬場店にはない場面で、ちょっと面食らった。

立教近くには、「洋庖丁」とほぼ同じメニュー構成の暖簾分け店、**「ランチハウス ミトヤ」**もある。ここのチキンカツは、目を見張るほどのラージ

昨年、池袋の目抜き通りに忽然と出店。深夜営業が当たって、今や周辺の黒服御用達の洋庖丁

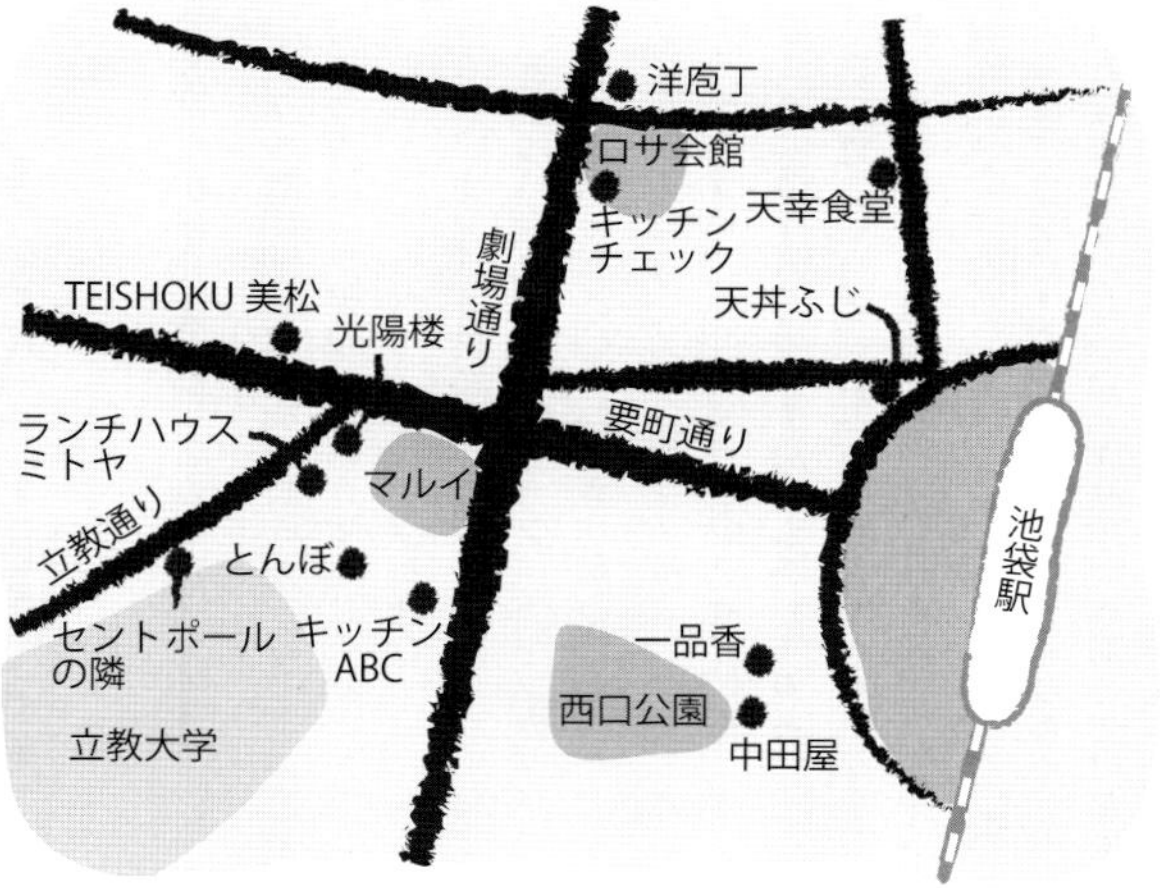

さ。ジューシーなハンバーグがあるのも嬉しい。〈お母さんのカレーライス〉や〈うま煮ご飯〉も加わり、セットも豊富で、近所の「ABC」への対抗意識が見え隠れする。もちろん〈スパイシー焼肉〉など「洋庖丁」由来の定番もちゃんとある。

立教というオシャレな学校のそばゆえ、純粋な洋食屋というより、学生向けのパブで洋風メニューを出す店も多い。店名通り、大学すぐ脇の飲食店ビルにある**「セントポールの隣り」**（略称：セントトナ）はその典型。チキンカツの上にとろろや温玉、キムチの乗った〈白いカツ丼〉が、よくグルメ雑誌にも紹介されている。これは、揚げ物をさっぱりと食べたい時にいい。メニューを眺めると、シュラスコ風チキンソテー、チキンディアブル（鶏マスタード焼き）にロコモコなど、さすが立大生は洒落たものを食べてやがる（法大OBのひがみ？）。

洋食を安く手っ取り早くとなったら、以前「オリーブビレッジ食堂」という店名だった、**「キッチンセブン 街のハンバーグ屋さん」**が便利。他に大塚、本郷三丁目、多摩センターにもある。

ハンバーグ＋αを基本に、多様なオーダーができる。たとえばチキンカツをつけて、生野菜とケチャップスパゲティを添え、お替わり30円のカップスープ（コンソメ卵とじで、味噌汁かどちらか選べる）が込みで550円は格安だろう。しかも、それぞれ注文に応じて調理してくれる。やわらかめのハンバーグも、良好な手作り感だ。お薦めは、小さめのカツに唐揚げが2個つく〈ハンバーグ＆とりとり定食〉。生ビール350円、ウーロンハイやグラスワインは200円と、周囲のセンベロ飲み屋並みに安上がりの独酌も可能なところも気に入っている。

カウンターのみの鉄板ステーキとハンバーグの**「牛の家」**も、あきたこまちのライスが大盛り無料、出汁がしっかり取れた味噌汁もお替わり自由で、大食らいを迎え撃つ。やわらかいハラミ（140g／980円）が安くてうまい。ミルをごりごりと挽き、レインボーペッパーをふりかける。これを、もやしとほうれん草のナムル風、フライドポテトとともに食す。

かち割りワインなどの酒類も豊富で、ここも短時間の一人洋食飲みに適している。牛筋の煮込みをご飯にかけた牛すじ飯（780円）など屋台料理っぽいメニューもある。

B級グルメで町を知り、国際社会に通ず

西口の繁華街で夜遅くまでやっていて重宝する**「キッチン チェック」**にも時々立ち寄る。よく練った合挽きの平たいパテに、やや酸味がかったデミグラソースがかかるハンバーグステーキ（1000円）。いつも何を頼むか迷うのだが、この懐かしい味わいが恋しくて結局はこれを頼んでしまう。

とんかつなら、アルコール類が豊富な**「とんぼ」**の家庭的な趣も一人身にはありがたい。よく気のつく女将さんが、絶妙のタイミングであきたこまちのご飯のお替わりを促してくる。フライはみなカリッと軽い揚げ上がり。

西武池袋線沿線に住むぼくは、池袋を経由して通学した時期が長く、その頃安さに惹かれて北口の**「天幸食堂」**にはたまに入った。メニューも味も、たぶん四半世紀変わっていないだろう。とんかつ定食630円。マカロニサラダも新香もついて飯の盛りも景気よく、昭和の心意気で食べさせてくれる。

丸井のはす向かいの**「TEISHOKU 美松《みまつ》」**は、ちょっと高級な定食屋さん。ホッケ定食（1000円）は、連日の肉食に疲れた胃袋に優しい。

東武百貨店からすぐのわかりづらい路地にある**「中田屋」**は、天ぷらがメインの〝ザ・大衆食堂〟。短冊に書いて貼られたメニューの数に、まずは圧倒される。創業60年の落ち着き加減は、周囲の居酒屋の名店「ふくろ」「おもろ」に負けずとも劣らない。潤沢なメニュー自慢なら北口の**「東京一食堂」**も負けていない。夜12時まで開いているので、東口の文芸坐で最終回の2本立てを観た後でも立ち寄ることができる。

北口で天ぷらといえば、駅を出てすぐの**「天丼ふじ」**。もう開業30年以上にもなろうかというのに、見た目の雰囲気は変わらない。周囲に放つ、もうもうたる油の匂いを嗅ぐだけで食欲が掻き立てられる。通常の天丼（700円）でエビ、イカ、春菊、ししとう、海苔の構成で、タレはスッキリとした味わいだ。

とまぁ、ざっと池袋西口のBグル店を巡ってみて気づくのは、街場の中華がほぼ絶滅したことだ。リトルチャイナに〝日式中華〟は不釣り合いということか。

そんな中、西口広場前の**「一品香」**は健在。ここは、中高生の頃によく入った。ラーメンが当時で300円（今は500円）。「麺えるびす」も「屯《とん》ちん」も「麺屋ごとう」もなかった時代に、一番安価に腹を満たしてくれた店だ。あんかけ焼きそばや炒飯も定番ならではの味である。

ニンニクの効いたあんかけそば〈ターロン麺〉が名物で、2年ほど前にリニューアルした**「新珍味」**も昭和の佇まいを残す。また、丸井裏の飲食店がごった返す通りで、老夫婦が懸命に営む創業40年の**「光陽楼」**は、これぞ池袋のミラクル。エビがごろっと入ったちゃんぽんが看板で、かなり濃厚な風味のスープ。ヘタな専門店より断然うまい。

しかし、どの店でも学生らしき姿をあまり見かけなかったなあ。

生協の営業妨害をするわけじゃないが、ついこう訴えたくもなる。

立大生よ、学食を捨て町に出よう!

思わず暖簾をくぐりたくなる「東京一食堂」

ガッツリ系の新トレンド

肉丼・豚丼を食べ尽くす！

若者のガッツリ飯として定着したのが肉丼・豚丼。多くは豚の生姜焼き風をご飯に乗せたもので、時に炭火などで単独で焼かれたロース肉が乗る場合もある。牛丼特盛では食った気がしないガルガンチュア（大食漢）が、今日も駆けつけて行列を成す。

伝説のすた丼屋（国分寺）
伝説のすた丼 580円

「すた丼」グループの中でも古参の３番目にできた店。マニアによれば、味も違うのだという。斎藤佑樹も通ったと報道されると、甲子園優勝後やプロ入り前後にマスコミが大挙して押しかけた

伝説のすた丼屋（池袋）
もつ丼 650円

メニューが店舗ごとに多少異なり、また期間限定で提供もされるすた丼。味噌風味で大量の野菜とともに炒められたもつ丼は、中でもかなりお薦めな変わり肉丼

すべての肉料理が丼になる可能性を秘めている！

牛丼には牛鍋由来の明治からの歴史があるけれど、焼いた肉を飯に乗せた肉丼の類が定着したのはいつの頃だろう。調べてもはっきりわからない。ぼくが食べざかりの中高生だった30年ほど前、たまに母親がそんな〝肉乗せ弁当〟を作ってくれた気もする。牛丼同様、わざわざ外食のメニューに乗るものではなかったのに、ここ最近、**「伝説のすた丼」**という成功例のお蔭で、俄然市民権を得たわけだ。

「すた丼」が国立で産声を上げたのが1971年。「サッポロラーメン」という名のラーメン店の主人が、付近の若者たちの旺盛な食欲に応える形で生み出した。いつしかラーメンより評判となり、国分寺などに3店展開するようになる。そのうちの1店が、ぼくが通う高校の近所にもあったので、一度帰りに寄り道して入ったことがあった。しかし、無謀にもラーメンとのセットを頼んでしまい、食べ盛りだったにもかかわらず、膨満感に苛まれながら帰ったのを覚えている。

そんなローカルフードが、ここ数年で一大チェーンとして発展している。その動きに呼応し、多彩なフォロワーが登場してきた印象が強い。

具と飯を分ければ生姜焼き定食とも言えるが、それが丼に同居すると妙な迫力が出る。見た目のスタミナ度は遥かに倍増。この力強さがいいんだろうなあ。肉汁と脂がしっかり飯にしみて、確かに生姜焼き定食とは別の食べ物になっている。

この肉丼、店によっては、豚丼、焼肉丼とも生姜焼丼、スタミナ丼とも呼ばれる。一般にスタミナ丼というと、ニラなどの野菜も入っている印

ご覧の梅 500 円（米 200g は共通で肉の量が 100g）でもシメにはキツかった！ やや勿体ぶって蓋をされて出てくるのが、いかにも肉の鰻丼って感じ

とんたん（戸越銀座）
梅 500 円

ほどよくこんがり焼けた肉は上質な脂を出し、すっきりした醤油味のタレが絡んで飽きさせない。間違いなく、焼き系豚丼のトップに君臨するだろう

豚野郎（御茶ノ水）
中豚丼 680 円

象。焼肉丼だと牛肉を使うイメージがある。が、その呼び分けもまるで厳密ではない。焼き方だって様々で、フライパンで焼くか炒めるか、網焼きでも炭を使うかガスかで違う。

東京でもすっかり定着した感のある**「白樺」**（新宿から板橋に移転）に代表される帯広豚丼の影響か、最近では炭火焼が一つのトレンドとなっている。その中でも御茶ノ水の**「炭焼豚丼　豚野郎」**はいつも行列が絶えない。豚の脂が口の中で溶けると甘みじわりと来る。そこに覆いかぶさるように、さっぱり辛口なタレの風味がやってきて、行列も納得のうまさだ。

肉丼の聖地となった渋谷、変わり種多きアキバ

帯広系だと、戸越銀座の**「とんたん」**は梅が500円からと、庶民的な商店街ならではの価格設定。それでいて、相当上等な豚丼を食わせてくれる。自己調整できるよう卓上にタレが置いてあるのもいい。初心者に正しく豚丼の真価を伝える良店だ。

さらに帯広フォロワーだと、渋谷道玄坂の**「豚丸」**がある。この場所は、一人モツ鍋屋だったかと思うとスタンド蕎麦になるなど、ひんぱんに業態が変わっていたが、今度の「豚丸」は定着したかに見える。650円のバラ・モモ、780円のロースの3種から肉が選べるが、三元豚を使っているので、バラでも脂身まできちんとうまいレベルだ。

渋谷はさすが若者の町らしく、肉丼ファストフードが多い。まず道玄坂小路には**「吉祥寺どんぶり」**（豚カルビ丼680円など）があるし、道玄坂にも二郎風ラーメンとすた丼風肉丼（スタミナ丼600円）をメニューに掲げる**「ラーメンとスタミナ丼の店　直成」**が登場。センター街では、肉系定食の**「ひの家」**でも430円の「あぶり豚丼」をメニューに加えている。

豚丸の炙り肉丼の系譜には、元は高田馬場にあって秋葉原で成功、池袋にも最近出店した炭火焼がウリの**「焼肉丼　たどん」**もある（特選豚ロース丼・並600円）。

なお、秋葉原には池袋にもある**「名物スタミナ丼　昭和食堂」**の2軒目もでき、やはりがっつりニーズの高い土地柄を示す。店名にもある「名物スタミナ丼」は大盛りが並盛りと同じ600円だが、四十路の胃袋にはかなりしんどい量。若者ならペロリといけるのかもしれない。てりやきにんにくなど4種の味から選べる、水道橋の**「丼達《どんたつ》」**は、基本の豚丼が550円とさらに安い。

中華系肉丼の深淵なる世界
ロース肉の生姜焼き丼

ところで、中華系肉丼というのもいつしかスタンダードになっていた。たとえば茗荷谷の**「サッポロ軒」**の肉丼。2010年に新しいビルの2階に移って店内もシックな雰囲気になったが、以前の典型的な街場の中華然とした佇まいの頃から、ここの肉丼は近隣の拓殖大学の学生などから熱い支持を集めていた。豚バラを独特の濃い醤油ダレで味付けし、フライパンで玉ねぎやニラとともに炒める。この店には、オムライスの中身がチャーハンの〈チャン玉〉、肉丼とチャーシュー丼のハーフ&ハーフ〈ブーブー丼〉なるユーモラスなネーミングのメニューもある。

一方、生姜焼き系肉丼で突出した存在は、渋谷百軒店の**「フラヌール」**。タバコ屋兼業の小体な欧風カレー店のこちらは、洋食メニューや持ち帰り弁当も豊富で、温和なママさんの接客にいつも癒される。生姜焼き丼は、大ぶりのロース肉が5枚も乗って750円は安い。周囲にはストリップの道頓堀劇場があったり、風俗のキャッチも多かったりで、悪場所の香りぷんぷん。夜遊びの前にパワーを付けたい人もそうでない人も、ぜひ食べてほしい逸品である。

ところで国分寺には、ご当地の名

豚大学（新橋）
豚丼（小）480円

かつて高田馬場に「とんかつ大学」があったが、こちらは豚大学。甘めのタレがうまい。990円の特大サイズは相当な量だ

丼の達人 丼達（水道橋）
豚丼 550円

照焼か塩味かなど4種から選べる。ここのスタミナ丼は長ネギの他キャベツ・もやしも加わって600円

淡淡（国分寺）
焼肉丼エッグ 620円

早実運動部員のたまり場、中華の「淡淡」。「飯食いに行こう」といえば、ここでの集合を意味するとか。目玉焼きをトッピングすれば、ボリュームのある丼も見事に覆われる。右は焼肉丼

門早稲田実業に肖った〈名物 早実丼〉なる豚生姜焼き丼（500円）を出す居酒屋**「kushi いっぱち家」**もあるが、日ハムの斎藤佑樹投手が早実時代にお気に入りだったのが**「淡淡」**だ。ここの焼肉丼（500円）は濃い目の味付けのコマ肉が気前よく乗り、半熟目玉焼きをトッピングすれば（焼肉丼エッグ620円）、まさに体育会の完全食となる。同じく人気の肉あんかけ炒飯（999円）もあって、濃厚ドッシリの得難い店だ。

　最近イカスミが入った黒焼きそばが評判の**「ぼん天 久米川店」**の隠れた名物も焼肉丼（720円）。また、小川の**「喜楽」**も同様に多彩なメニューを誇るが、野菜もふんだんに入った肉丼（700円）が看板だ。

　やはり肉丼は発祥の地・国立を擁する東京西部に良店が多い気がする。

一度食べると誰もが瞬時にその価値がわかる肉の大きさ、厚み、そして枚数。味つけもしっかりしており、煮詰めたタレをまとう色つやがたまらない

フラヌール（渋谷）
生姜焼き丼 750円

駅前のビルの2階にある、街を代表する肉丼店。やや甘めの丼で、卵焼きを敷いたり叉焼を添えたり、バリエーションを楽しめる。この日は満腹だったため、プチサイズに

サッポロ軒（茗荷谷）
ブーブー丼（プチ）530円

B級とんかつ・かつ丼は どこまでA級に迫れるか？

和洋中すべての店で、とんかつないしポークカツが提供されるのがBグル。カツは肉屋の代表的惣菜でもあり、肉質のいかんによって価格も千差万別。まさに料理人の魂が垣間見えるのだ！

みのや（東十条）
とんかつ定食 500円

チェーンを除けば東京でも最安値の部類。アジフライなど他のフライ類はさらに安い。高温の油でザクッと5分で揚げられ、衣は厚め。さらにご覧の通り肉厚だ

おさむ（椎名町）
ロースかつ定食 600 円

実際揚がってくると、75g でも充分 100g はありそう。コロッケ1個 100 円、ちょいがけに便利なカレールー 100 円などの多様なトッピングも可能

とんかつ冨貴（秋葉原）
ロースかつ定食 980 円

かきフライが1個２００円でトッピングでき、これが抜群にうまかった！

良心的な価格で踏ん張る専門店の本格とんかつたち

とんかつくらい値段に幅があるメニューも少ないだろう。といっても、下には限りがあって、基本的に1０００円以下で提供されるとんかつは珍しい。神保町の項で「いもや」をBグルとんかつ定食のスタンダードだと後述するが、実際7５０円であれだけのとんかつにはなかなかありつけない。

その点、椎名町の住宅街にぽつりと佇む**「おさむ」**は、「いもや」に匹敵する存在だ。昼のみの営業で、昼食時に行けば多少の行列は覚悟。ロースカツは75ｇ／６００円と１００ｇ／８００円が選べ、衣はサックリ、肉はジューシーでやわらかい。客の大半は常連風で、「今日はおさむでガッチリ食べるぞ」という意気込みが漲っているのがよい。夫婦2人で気持ちを合わせて仕事に励む姿は、一人身の僕にはうらやまし限り。

京橋の**「松若」**も、付近のサラリーマンがひっきりなしに訪れる繁盛店だが、「おさ

松若（京橋）
カツランチ 850円

カツランチには具だくさんの豚汁、塩気の効いたキャベツの芯を刻んだような独特の新香（キュウリも乗る）がつく。これだけで皿盛りのライスがどんどん進んでしまう

くり家（錦糸町）
ロースかつ定食 1000円

甘味も上等の厚いロースで、肉を食ったという実感が存分に伝わる。まだ若い職人肌の大将が大健闘。小学生以下には、子どもとんかつ定食（500円）もある

む」同様こちらも夜営業はなし。カツランチ８５０円は、衣は濃いきつね色にざっくりと揚がり、肉は脂を削ぎ落としたロースでさっぱりいただける（上カツはヒレ）。老舗らしく、ミンチ入りのオムレツもメニューにあるのが嬉しい。串カツやハンバーグフライなどと多彩な組み合わせができる。

　そこから有楽町のＪＲのガード下まで足を伸ばせば、ロースかつ定食が１０００円ポッキリの**「とんかつ繁」**がある。まだ年若の息子が父をサポートするこの店は、ヒレかつも同じ値段で食べられるのでちょっと迷う。けれども、男は黙ってロース。カツは肉厚で、硬からずやわらかすぎず適度な歯ごたえ。下味のつけ方がほどよいので、食卓塩で食べるのも一興。

　さらに新橋まで行くと、そこには**「とんかつ まるや」**がある。新橋駅前ビル1号館内と烏森口店の2軒あって、どちらもカウンター席が主だ。チェーンの「さぼてん」を彷彿とさせるロースかつは、粗めのパン粉でサクサクの衣をまとい、肉は厚くしっとりして

「おさむ」の入り口にて。じゅわっと脂身多め好きにはたまらない

「美竹」のカウンター。奥には座敷席もあり、くつろげる

いる。これで定食700円は安い。夜は酒類も置いているので、とんかつをつまみにビールが飲める。

両国の**「いちかつ」**は白木のカウンターが清々しい。仕事が丁寧で、ロースカツ定食（690円）のボリュームは相当なものだ。

高温でスピーディにカラリか 低温じっくりサクサクか

小川町の**「とんかつ庄司」**も、900円でなかなかオツ。脂身がほどよく多めで肉質はやわらかめ。豚汁も肉がふんだんに入っており、正統派の中ではリーズナブルで満足がいく。また、秋葉原の**「とんかつ冨貴」**は、女将と妹、女将の友人という熟女トリオの家庭的な接客が素敵なお店。遅昼のタイミングに訪れると、話し好きの女将らと会話を楽しみながら食事ができる。ロースかつ定食は980円。じっくり低音で揚げられ、肉は薄めながらもやわらかく上質だ。

渋谷なら円山町の**「とりかつ」**が相変わらずコスパが高い。とんかつもいいが、チキンカツなど他の揚げ物も秀逸。定食は10種ほどから選んで2品650円、3品800円、4品1000円という設定だ。ハムカツは薄いプレスハムを使った〝懐かし系〟。

新宿は伊勢丹前の**「王ろじ」**のとんかつ（単品1050円）は、薄い肉をミルフィーユ状に巻いて揚げた一品で、他店のとんかつとは一線を画す。ちなみに店名の由来は「路地の王様」。

同じ新宿では、**「豚珍館」**も明らかに異色（浅草や調布に同名のお店があるが無関係）。肉は3センチほどの厚さで一度下揚げしておき、注文が入ってから二度揚げするので、すぐに出てくる。そのため、超行列店にもかかわらずあまり待たされない。カリカリの衣に包まれた肉がジューシーなとんかつ定食（850円）は、ご飯も豚汁もお替わり自由。空腹時には、何杯もお替わりしたくなる。**「とん竹」**のランチのとんかつ定食は800円で、こちらもご飯と赤出しはお替わり自由。生パン粉系サクサク衣に肉の厚み

「とんかつ冨貴」のお母さん。女性ばかりで切り盛りするお店で、心ゆくまでなごめる

「みのや」の明かりで心あたたまる、東十条の路地裏

も脂もほどよい感じで、かつ丼もうまいと評判だ。

高田馬場の**「とん太」**もすっかり有名店になった。お昼のロースは1000円。衣が白っぽいサックリ低温揚げスタイルで、肉はほんのり桜色。ゴマ風味のソースとよく合う。

同じ高田馬場では、ランチ980円の**「とん久」**も外せない。おろしポン酢が付き、山盛りキャベツにかけるドレッシングも2種あって、配慮が行き届いている。

池袋だと、東口の**「清水屋」**もサクッと大ぶりのロースかつ（840円）がかなりお得。

こうして思いつくところを挙げてみて、これだけ高レベルの専門Bトン店があることに改めて驚かされる。

目玉焼き乗せは変化球を超えた魔球？

お次は、かつ丼。

究極と呼ぶべきは、西荻窪の中華料理店**「坂本屋」**が提供するかつ丼。かの山本益博氏が激賛したためにかなり有名になってしまったが、実際に揚げたてカツは肉が主張しすぎず、下味もほどほど。タレは蕎麦屋のほど濃くはなく、卵の半生加減といい素晴らしいバランスだ。気負うことなく、750円という価格の中でやれるだけのことはやっている感じがする。それにここは中華料理店だけあって、タンメンなどのメニューも普通においしい。小体な店内ゆえ家族総出できびきび働く様子が見えるのも、料理の味に花を添える。

これは人形町の明治45年創業の超老舗**「小春軒」**にも言える。親子3人の緩急自在な動きと会話も味のうち。庶民価格を守る同店では高値の部類に入るカツ丼は、カツの上に半熟の目玉焼きとにんじん、じゃがいも、玉ねぎにさやえんどうの甘辛煮込みが乗る変わり種。意表を突かれること間違いなく、1300円の価値は大いにあり！

進め！B級かつ丼

サクサク衣もふわふわ衣もお店によってさまざま。しかし、かつ丼の魅力はカツだけでない。出汁、卵との三位一体が勝負なのだ！

坂本屋（西荻窪）
カツ丼 750 円

丼のトップを飾る目にも艶やかなグリーンピースを目に焼きつけるべし。そしておもむろにかき込め！

和洋食さくら寿司（田町）
カツ丼（並）650 円

寿司屋なのにかつ丼も出す。見た目通り、衣はふかふかな仕上がりだが、肉の厚みは◎。他にもヤキメシ、オムライスなど洋食系メニュー多し！

小春軒（人形町）
カツ丼 1300円

昔は卵が貴重で、かつ丼にちゃんと1個分使っているか疑問に思う客が多く、そのため目玉焼きを乗せることを考案したとか。栄養バランスのとれた〝たれかつ丼〟という感じ

とんかつ美竹（大井町）
かつ丼 1200円

ランチはどれも1000円を切る。千葉のブランド豚・椿ポークを扱い、美人のママが接客、息子さんが調理を担当。甘めのツユダクでを堪能できるよう、匙も添えられる

どこの通りにもBグル的飲食店が立ち並ぶ神保町。歩けば必ずうまいものに巡り合える

東京Bグル二大聖地巡礼【神保町編】

東京には趣の異なる2つのBグルの聖地がある。

ひとつは神保町。出版と古書店の町であり、かつ明大に専大、日大の法・経・理工・歯学部が並ぶ学生街でもある。昼間人口が多いため、ランチに力を入れた老舗が多い。

もうひとつは、中央線沿線随一の若者文化の発信地・高円寺。ともかく安さや量を追求したカジュアルな店がたくさんある。一方は学生が〝通う町〟、他方は学生が〝住む町〟と定義してもよい。それは、Bグルを楽しむ同輩が揃う町ということでもある。

ぼくの場合、どちらかといえば神保町に縁が深い。さかのぼれば、中学時代から古本をあさりに時々訪れていたし、水道橋の隣駅の飯田橋の大学に通っていたものの、付近にあまり手頃な店がないのでよくこのあたりまで遠征した。

そこでまず、神保町のBグル店のあれこれをジャンルごとに撫で斬りにしてみたい。

カツカレーはカレーとは別の料理だ！

神保町が他の町と決定的に違うのは、カレー店と洋食屋の数だ。

黒くてサラッとしたルーが個性的な「共栄堂」のスマトラカレー。ミルキーで果実の甘味が強く出た欧風カレーの「ボンディ」。クローブの香りがクセになるスパイシーな「エチオピア」、豊富な副菜が美味しい本格インドカレーの「マンダラ」などなど、神保町にはサッと食べられパワー増強のカレーが、これでもかと揃っている。

そして、これらと別枠で紹介したいのが、まさにBグルとしてのカレー。並で十分大盛りの**「まんてん」**や、トッピングがウリの**「ハングリー味川」「キッチン南海 神保町店」**などである。

「キッチン南海」は、Bグルマニアにとってその系譜や暖簾分けについて興味の尽きない店だが、ここ神保町が本店。誰もが洋食屋と捉えているが、ぼくは〝洋食が食べられるカレー屋〟と思っている。

ぼくの見たところ、客の約7割がカツカレー（700円）をオーダーする。ぼく自身も、カレー単品を頼んだ記憶がない。あのコールタールのようにどす黒いカレーソ

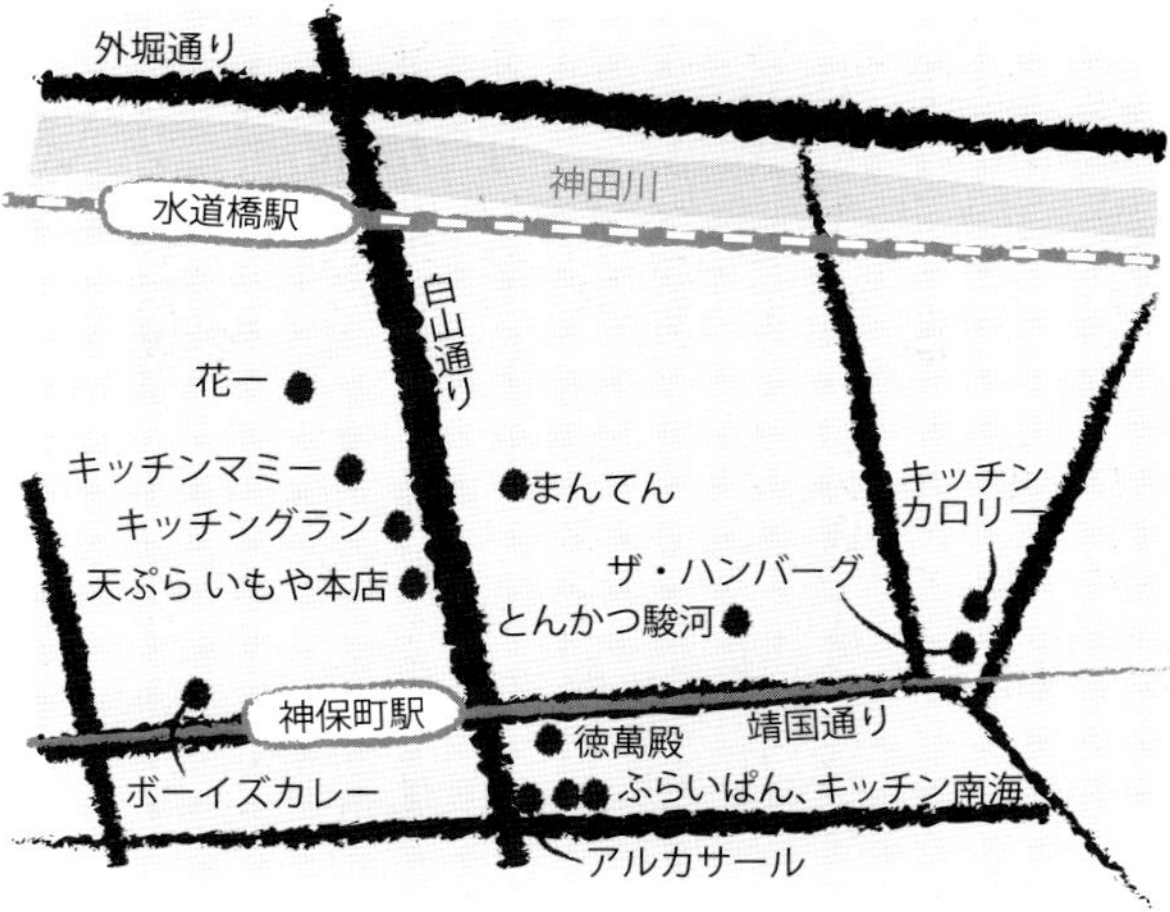

ース、ほんのり苦くスパイシーだが、サラサラと見た目ほどにはくどくない。皿に溢れるように盛られ、カツの衣が適度にそれを吸い、衣は衣で油を出して渾然《こんぜん》一体となっているのだ。イカスミもコーヒーも黒胡麻も入っていないソースの黒さは、小麦粉をひたすら炒めて出すルーの色味である。

一方のカツは、スプーンでもザクザク切れるほどに薄く、カレーの上に乗るぶんにはちょうどよい厚さ。カツ、キャベツともカレーソースのかかっていないところに備えつけのソースとマヨネーズやサウザンアイランドをかける。瓶に入った福神漬けときゅうりのキューちゃん風も5つ6つ、皿の脇に添える。後は一心不乱に口に運ぶだけ。男の昼メシとして完璧だろう。

カツは、普通のカレーを見事にパワーランチに変える潜在能力を持つ。**「ゴーゴーカレー」**などに代表される金沢カレーは、まさにその発想から生まれている。

それは、「南海」のカツカレーも同じだ。ソースは「ゴーゴー」よりも個性が強い。だから、暖簾分けしたお店の中には茶色い普通のカレーを出す店もある。きっと、その土地のお客のニーズに合わせてのことだろう。しかし、所はカレーの総本山神保町、ここの「南海」は黒くなくちゃあ。

神保町のカレーは、必ず何かを乗せるのがデフォルトだ。水道橋駅裏にある「ハングリー味川」のソースも、一見すれば「南海」を思わせる黒さで意表を突かれるが、味はよりマイルド。この店で注目すべきはカウンター前の鉄板で焼かれるトッピングだ。基本のカレーは450円で、トッピングは50円の目玉焼きから、230円のビーフまで。ハンバーグカレー（650円）を注文すると、邦画全盛時代の名傍役・三島雅夫演ずるところの好人物風のご主人が、パテをパンパン叩いてエア抜きをする。さらに、パテを鉄板に置いてからも見事なパフォーマンスを見せてくれる。ハンバーグを焼くのに、なんと赤ワインでフランベし、肉に香りをつけるのだ。パテはやわらかめで、このソースに合っている（卓上のカイエンペッパーで辛くできる）。添えられたせん切りキャベツにニンジンのあしらいがきれいで、端々にセンスが感じられる。

また、靖国通り沿いの**「ボーイズカレー」**も洋食屋として素晴らしい。隠れた生姜焼きの名店で、中厚切りロース2枚を小麦粉をはたいて香ばしく焼き、おろし玉ねぎと生姜たっぷりの甘辛ソースをじゃぶじゃぶ絡めた逸品（ナポリタン添えで770円）をつい頼んでしまう。ここは、100円でライスを大盛りにすると、小カレーソースもつけてくれる。かなり肉々しいハンバーグには、最初からこのカレーつきという設定もある。カレーは一見ドロッと和風に見

実は生姜焼きがウリの「ボーイズカレー」だが、
実直なハンバーグは看板のカレーと相性抜群

えるが、適度なスパイシーさも奥底に感じる。メインの口休めにはいい感じだ。

まっ黄色のソースで他のカレーとは一線を画す「まんてん」も、カツカレーが今どき600円と、涙がこぼれそうになる安さ（普通のカレーだと400円）。たぶんぼくが学生だった20年前から100円しか値上げしていない。それでも当時は、カツを乗せるか大盛りにするかで、大いに悩んだものだ。自分で稼ぐようになってからは、豪勢に大盛りのカツ乗せだって食えるようになったが、翌日まで満腹感が持続すること必至なので試したことはない。

このカレー、野菜類は溶けて姿形もなく、中の白い粒々は挽肉。素カレーだけでもいいのだが、「まんてん」に来たからには、やはりトッピングを試したい。ぼくの一押しはシュウマイカレー。フライヤーに放り込まれて油を吸った赤ウィンナも捨てがたいが、揚げシュウマイ3個のカリッとした口当たりと甘味が、ここのカレーとなじんで具合がいい。今ではぼくが学生の頃にはあり得なかった、大盛りのさらに上のジャンボの全部乗せ（1000

様々なトッピングがカレーをおいしくする、
そんな業態の元祖「まんてん」

円）が偉容を誇る。

白山通りの水道橋の駅側に2010年に開店した**「花一」**も、〈カツカレー㊢490円〉がウリのよう。牛すじ肉とフライドオニオンが乗った〈花一〉、唐揚げが基本トッピングの〈キーマ〉など、いろいろメニューがある。

「キッチン マミー」のフライ盛り合わせは神保町で最強！

さて、神保町界隈にはビアレストランの「ランチョン」や小学館地下の「レストラン七條」のようなA級にランクされる洋食屋も多く、チェーンの「キッチン・ジロー」も要所要所にある。3階建てで宴会もできるキャパを誇る、さくら通りの「げんぱち」、三崎町の懐かし系イタリアン「IKOBU」、ワンコインという弁当並みの価格でランチが食べられる白山通りの「ヴェジタリアンPART・Ⅱ」、水道橋駅裏で夜に洋食をつまみに気軽にサワーという感じの「トミーグリル」、ビーフシチューがうまい西神田の「清水亭《きよみずてい》」、90種のメニューを誇り、3日前に予約が必要な〈天下一品キャベツロール〉が評判の「風夢堂」……。定期的に通いたい洋食屋を挙げていくときりがない。

そんな中で「キッチン南海」同様の強い個性で異彩を放つのが**「キッチン マミー」**

だろうか。ずっと前は夜も営業していた。しかし今は昼営業のみ。そのため足が遠のいていたが、先日久々に訪問した。相変わらずのボリュームと、それが昔のようにスイスイとは食べられない自分に驚いた。

エビフライ2本、豚ヒレカツひとつのCセット(750円)を注文。このエビが、2つに開かれていて妙にデカく、厚い衣の上にポチョっとかかった自家製のタルタルによくマッチする。ヒレカツは薄いが、やわらかく美味。これとせん切りキャベツに添えられた数枚のプレスハムがよい箸休めになる。ライスは平皿にこんもり、味噌汁には粗めに切ったキャベツやゴボウが入っており、ゴボウのほろ苦さが気分転換になる。

隣客が頼んだのは、若鶏スティックフライ4本とヒレカツ小2個、挽肉入りコロッケが1個という構成のミックスフライ(800円)。こちらは明らかに、料理が皿からはみ出ている。半分はビールのつまみにしてちょうどいいボリュームだろう。ここはやはり、夜営業の復活を望むばかりだ。

「キッチンマミー」の入り口には、セットメニューが書かれた黒板が並ぶ

神保町で軒を競う3兄弟の店

揚げ物主体か生姜焼きか、神保町洋食は概ねこの2極に分かれる。

白山通りの**「キッチン グラン」**は、メンチカツと生姜焼きの盛り合わせ（780円）が看板。メンチだけだと660円、生姜焼きだけだと680円だから、えらいお得だ。ハンバーグは840円、とんかつは930円で、生姜焼きとセットになる。生姜焼きにケチャップ的甘さが支配的なのは、漬けダレに長時間浸された上、あらかじめ軽く焼かれているせいだろうか。しかし、これが最強のご飯の友。薄平たいメンチは5片にカットされ、気持ちデミ（酸味が強い）がかかっている。粗みじんにされた玉ねぎの風味自体は、昔の肉屋のそれっぽい。

実はこの一角、3人兄弟がそれぞれに経営する業態の違う店が居並び、Bグルマニア間では有名。それが「グラン」（長兄）にラーメンの「さぶちゃん」（末弟）、和定食の「近江や」（次兄）だ。めいめい休憩時に他店に顔を見せに来たりする。

Bグル界で有名な3兄弟の長男が営む「キッチン グラン」

そして、神保町で焼き魚といったら、この**「近江や」**だ。専用ロースターでじっくり火を通した塩サバは、ふっくらと脂も乗ってうまい。これでもかと盛られる大根おろしにも感謝。半身を全部と行きたいが、お浸しやひじき煮などの小皿で栄養管理も図る。よく出汁の取れた味噌汁の具は、大豆の旨味がちゃんと感じられる豆腐にわかめ。羽釜で炊いたご飯はお替わり自由。この飯汁セット（新香つき400円）にいろいろ組み合わせられるのが何より。

他に魚では、量たっぷりの**「ふらいぱん」**の中落ち定食（850円）も人気だ。家庭的な雰囲気も手伝い、夜は常連がどっかり腰を据えて一杯やっている。舞茸ハンバーグはひたすらやわらかで、肉豆腐もシンプルの極み。まさにおふくろの味。居酒屋ランチも豊富な土地柄、特に神保町には定食専門店が見当たらない中、今となれば唯一そんなムードの店でもある。

大学教員に、印刷会社や出版社の社員風のお客さんが多い「ふらいぱん」

カロリー気にせずカロリー焼を食うべし!!

話は洋食に戻る。

御茶ノ水〜神保町エリアには、まさにガッツリ系の先駆である**「キッチン カロリー」**が都合4軒あり、たぶんぼくは、そこらの明大生より多く通っているだろう。あの〈カロリー焼〉というワイルドな一皿を、定期的に体が求めるのだ。

1954(昭和29年)創業。まだ戦後の食糧事情の悪い時分、先代が明治の学生にしっかり栄養を摂ってもらおうと創案したのが、この〈カロリー焼〉だ。往時ならではのネーミングである。

熱々に熱した鉄板に、牛の細切れとたっぷりの玉ねぎ炒めを乗せ、そこに隠し味のワインを効かせたソースをかける。これをスパゲッティの上にこんもり盛ってコーンを添える。こいつを卓上に置かれた様々な調味料でカスタマイズし、大盛り無料の白飯とともにバ

神保町でよく食べるカロリー焼。一見どこにもあるようで、ここでしか食べられない味

クバク食らうのだ。

本店ではセット物が豊富で、日替わりセットをよく頼む。駿河台店の〈合格セット〉は最強で、カロリー焼に小海老フライ（これがタルタル添えでイケる）に小さなチキンカツ（トマトソースがけ）が一皿に乗っている。普段は890円だが、ランチ時にはこれが750円だったか。

御茶ノ水駅のガード沿いの店舗は店内が狭く、品数を絞ってかカロリー焼に揚げ物のトッピングのみ。このスタイルになってミニサラダもつくようになった。また、特筆すべきはカロリー焼が650円と他店より30円安いこと。なお、本店はお酒も充実し、夜は軽く居酒屋ユースも可能だ。

この「キッチン カロリー」本店の横を3階に上がった**「ザ・ハンバーグ」**も結構前からある。こちらはアイドルタイムはフリードリンクにし、魚

「ランディ」のハンバーグは、アツアツ鉄板に乗せられてくる

フライのついたランチセットで対抗する。ハンバーグはやや俵型で、フライパンで焼き目を入れてからオーブンでふっくらと仕上げる〝肉汁じゅわっと系〟。

神保町のハンバーグ専門店は往々にしてつなぎを使わない、この肉々しいタイプが多い気がする。淡路町や五反田にもある炭焼きの**「アルカサール」**、水道橋寄りの**「ランディ」**も同様。肉の増量設定も同様にあるが、「ランディ」だと50g／100円単位。炒め野菜に肉をほぐし和えるようにして、8種類から選べるソース〈お店の一押しは〈ガリマヨ〉で、300g以上からは2種選べる〉も加えてまぜまぜしちゃうのだ。

とんかつ・天ぷらの「いもや」

神保町でとんかつといえば、コストパフォーマンス的にも**「いもや」**が別格だ。

「とんかつ いもや」は馬喰町、飯田橋などに暖簾分け店があるが、本店と大体同じスタイル。しじみたっぷりの味噌汁に、大盛りにせずともただでさえ盛りのいいご飯が次いでやってくる。そこに取り放題

「いもや」では、もはや儀式のように自分の食べ方がしみついてしまっている……

の壷漬けをよそう。カウンターの上に皿が並んでキャベツが盛られ、「あれがオレのだ！」と認めた皿にサクサク厚めに切られたカツがデンと乗せられる。カツが揚がってくるのを心待ちにする、あの3～4分間の悦楽は筆舌に尽くしがたい。他の客よりも心持ち大きいと、えらく得した気分になれる。

衣のカリッとした歯触り、肉の厚みとほどよい脂のつき具合、何よりご飯が上手く炊けていて、750円と安い……。これらを総合して、やはりベストの存在だ。

よりガッツリ気分の時は、**「とんかつ駿河」**がいいだろう。こちらはロース、メンチ、アジフライが700円、ヒレカツにエビフライだって800円。アジメンチ700円、ミックス（アジとエビ）800円。ご飯だけじゃなく、つけ合わせのナポリタンも山と盛ってくれる。

お次は天ぷら。

清潔感あふれる店内は、昼時には人で溢れる。行列覚悟だ

店名を改め、ますます独特になった「神田天丼家」。黒々とした天つゆが食欲をそそる

「いもや」の白いのれんと白木のカウンターは、神保町の聖堂のようなもの。そこで一心不乱に天丼をかき込む人の後ろ姿は、天ぷらがまだ大衆食だった江戸や明治の頃の面影を偲ばせる。

現在は天ぷら定食の「天ぷらいもや本店」、その裏の「いもや二丁目天丼店」を残すのみで、旧一丁目店は経緯が不明だが、2008年8月から「神田天丼家」と名を変えて営業している。

ここでも、「とんかつ　いもや」と同じ儀式が控える。まず、熱い緑茶がカウンターに置かれ、しじみ汁が届く。そして、比較的大きな甘味のあるエビ、やわらかくも歯ごたえよいイカ、香ばしいキス、海苔の天ぷらが順に上がり、丼飯の上に乗せられ、くるりとタレがかけられる。その様を、ひたすら生唾を飲み込んで待ち受けるのである。

しかし、ご飯を大盛りにすると天ぷらだけではおかずが足りなくなる。そこで、備えつけの紅生姜をご飯に乗せ、さらに追加で頼んだ酸味の強い白菜の新香とともに残りを平らげた後、お茶をすする……というのがここでの一連のぼくの所作である。

550円にプラス100円で大満足というか、さすがにその後は満腹で動くのも億劫になるというのが、不惑もとうに過ぎた男の実情。でも、ここの少し固めの炊き具合が好きで、つい大盛りを頼んでしまうんだなあ。

神保町のメガ盛り中華はお味も独特

さて、神保町界隈の中華だが、昔ながらの〝街場の中華〟がどんどん減りつつある。周恩来も通ったという「漢陽楼」「新世界菜館」や「揚子江菜館」などの老舗が軒を並べるが、当然お値段はA級。

そんな中、いわゆるBグル感を前面に打ち出すのが神保町駅近くの**「徳萬殿」**だろう。なんせここは、俗にいう〝ヘルメット炒飯〟（大盛）でおなじみの店だ。定食のライスもこれでもかと盛ってくる。場所柄、女性客も珍しくないのだが、その盛りにたまげる様子を時々見かけてはほくそ笑んでしまう。

ウーシャンロー定食（850円）が名物で、これが他店にない味わい。豚肉、玉ねぎ、にら、たけのこ、きくらげをウスターソースにも使われる五香粉《ウーシャンフェン》をふんだんに効かせて、かなり濃い味つけで炒めてある。だから見かけは黒々。ご飯が進むこの一品には固定ファンがいそうだ。

「徳萬殿」に盛りで負けていないのが、長蛇の列で名高い「ラーメン二郎」の通りに

「徳萬殿」のウーシャンロー定食。中国のスパイス・五香粉が香り高い

ある**「ぶん華」**。炒飯に青椒肉絲を乗せた〈ぶん華ランチ〉のコストパフォーマンスは異様に高い（650円）。青椒肉絲にかなりとろみがついていて、食べ進むうちに〝ほぼあんかけ炒飯状態〟になってしまう。炒飯とソース焼きそばの合い盛り〈品名〈盛り合わせ〉〉なんかもあって、ここは一人飯派に親切なのがいい。

それぞれ違う味同士が口の中で混ざり合い、口中賞味によって未知の味が生まれる。孤食の時間もふと楽しくなる瞬間だ。しかし、100円増しでゆうに2倍という、とんでもない量になるらしい大盛りを頼む勇気は、今のぼくにはない。

必ず見つかる マイ中華食堂

街場の中華料理店。独身者にとって、これが近所にあるとないのとでは大違いだ。昼はラーメンライスや中華定食でガッツリとエネルギーを補給し、夜は手酌のびんビールで餃子や野菜炒めをつまみながら、店に置いてある油じみたスポーツ新聞やコミック（『ゴルゴ13』や『美味しんぼ』ならなおいい）を読んで一日の疲れを癒やす。あるいは、熱を出したりして外に出るのが億劫《おっくう》な時は、出前もしてもらえる。「何を頼もうかな。栄養が摂れそうな五目そばがいいかな。いや、大事をとって中華粥にしておこうかな。餃子も欲しいところだな」などと考えているうちに力が漲ってきて、熱が下がってしまった、なんてこともある。

「日高屋」「餃子の王将」「幸楽苑」「福しん」「中華食堂一番館」「幸楽苑」などの小ぎれいなチェーン店も時にはいいのだが、やはり、煮染めたようなカウンターに座って、この道ン十年というオヤジさんが中華鍋をふるって作る炒め物が食べたいではないか。

東京は独身者が多いせいか、どの街にも夜遅くまでやっている街場の中華が多い。本章では、そんな中から、個性的なメニューを出すお店、くつろげるお店、ニューウェーブ的なお店などを取り上げてみた。しかし、なんせ各駅に名店が存在するくらい「街場の中華」は裾野が広く、かつ奥が深いので、泣く泣く外したお店もたくさんあることを、ここで断っておきたい。

四 頼もしきタンギョーの雄◇来々軒&宝家

ラーメンにもう一品となると、炒飯か餃子が定番。しかし、最近では〈ラーメン＋餃子〉ではなく、〈タンメン＋餃子〉通称「タンギョー」がトレンドになっている。一人身のぼくにとっては、〈ラーメン＋餃子〉のコンビよりも野菜がたっぷりとれるので、「タンギョー」はトレンドに関係なく、以前からよくする注文。特に東中野の「十番」に行く時は、「タンギョー」＋ビール以外注文したことがないほどだ。

木場～東陽町辺りには、餃子とタンメンをセットでウリにする店が多い。飯田橋の「おけ以」もこのセットが定番だが、客は注文の際に〝タンギョー〟とは言っていない気がする（すみません、最近ご無沙汰なので記憶が曖昧です……）。東陽町の**「来々軒」**などで使われる符牒が、メディアに紹介されるたびに広まり、「トナリ」の行列に関する報道が起爆剤となって、ここまで定着していったのかもしれない。

しかし、「来々軒」とはまた古風な名前である。1910年、東京浅草に最初にできたラーメン屋（というか大衆中華店）が「来々軒」。それが中華料理店の代名詞ともいうべき存在になったため、全国の中華店でその名を使うようになった（元祖「来々軒」の流れを汲むのが、千葉市稲毛区の「進来軒」）。

東陽町「来々軒」の餃子は5個入り（450円）と3個入り（270円）が選べるが、「とりあえずビール」のため計8つにしてみた。焼けるのを待つ間、タンメンの具をつまみに出してくれる。「自家製ラー油をかけるといい、でも、かけすぎると辛い」と言われたので、ちょろっと垂らしてみると、俄然具合がいい。当然、唐辛子以外の香辛料も効いていて香ばしい。紹興酒の小瓶も追加。

そして、待望の餃子が焼き上がる。皮は厚めで弾力があって、揚げ餃子に近いくらいこんがりとした仕上がり。キャベツ、ニラ、豚肉のあんがギッシリ詰まって、食べ応えも充分だ。噛めば肉汁が滴り落ちる。これだけ実のある餃子なら、タンメンも大いに期待できる。

そのタンメン（700円）だが、透き通ったスープからは鶏ガラに野菜の旨味というより、まずは魚介の出汁の味を感じた。開花楼特製の太い平打麺を絡ませるにはあっさりしすぎの感もなくない。だが、そこはタンギョー。餃子と交互に食べると、餃子の脂気は中和され、タンメンにもコクが増す。きっと、そうなるよう計算されてい

タンメンと餃子の組み合わせで〝タンギョー〟。
その人気は高まる一方で、野菜摂取と食べごたえの両方を
叶えてくれる。中でも話題の東陽町の2店を紹介したい

トレンドである!

宝家

(上)タンメン600円(下)ギョーザ500円(5個)

餃子は、注文後に皮をのばすところから作り始めるという丁寧さ。ランチでは、餃子とタンメンの組み合わせが750円で食べられる

タンギョーは中華のニュー

トナリ

タンギョウ　880円
隅に生姜がこんもり盛られてやってくるタンメンは、少しずつ麺とからめていくと味の変化が楽しめる。餃子もモチモチ感たっぷりだ

丸の内TOKIAのほうの「トナリ」

るのだろう。タンギョーに小ライスを頼めば、さらに完璧。肉汁の加わった餃子のタレをライスにかけ、そこにスープを注げば、味わいの変化は二重《ふたえ》三重《みえ》。時折思い返しては食べたくなる。

「宝家」の餃子も皮から自家製。注文を受けると同時に若女将が練った小麦粉の大きな塊を一口大にちぎり、先代の奥方である大女将が、小さなのし棒で伸ばして野菜多めのあんを包んでいる。2代目は焼き方とその他、炒め物などを担当し、息の合った家族の連携プレーが見られる。

そうして作られる餃子だから、うまいのなんの（5個で500円）。大ぶりでオーソドックスなやや平たい形で、焼き目もしっかり入っている。カリッ・ムチッ・ジュワッの三拍子。もちろんタンメン（600円）にも合う。さらに、ここの〈マンボ〉なるメニユーは、一見普通の豚肉とニラと玉ねぎ炒めなのだが、濃いめの味つけでビールも飯もたちまち消化されることを保証する。

「トナリ」は丸の内のＴＯＫＩＡにも進出し、限定販売だが東洋水産からカップ麺が出ていたりするので、かなりおなじみだろう。つけ麺で有名な「六厘舎」の系列で、大崎で本店の隣に出店してその名がついた。こちらはタンギョウ(と同店では表記する)のみか、タンカラ(タンメンに唐揚げ)も名物。この両者にライスをつけても950円なので、1食で1500キロカロリー(推定)もあるが、みんな気軽に挑戦している。「六厘舎」の姉妹店だからスープは濃厚だ。アサリなども入るのでまるでちゃんぽん。近隣における、この濃ゆい「トナリ」と淡麗な「来々軒」の存在は、東陽町タンギョーにおける両極と言っていい。

口　清瀬に誕生、レバニラ専門店の実力はいかに?◇KE-i楽

レバニラ炒めといえば、麻婆豆腐や青椒肉絲と並ぶ中華の定番メニューの一つ。安くてスタミナがついて、ビールに最適だ。そう言えば、バカボンのパパも大好物だった。

東京の**タンギョー**事情がつかめる店

Bグル中華最上級! 渋谷の老舗でもやはりタンメン
喜楽

風俗街の百軒店の入り口にある超老舗中華食堂。何を頼んでもうまいが、中でもタンメンは特筆すべき存在感だ。ちなみに、このお店はもやしと焦がし玉ねぎがふんだんに乗った台湾風ラーメンで有名であるが、タンメンはもやし抜き

透き通ったスープは西荻窪の珠玉の一杯
はつね

定員6人のカウンターのみのお店には、つねに行列が絶えない。あっさりとしたタンメンのスープは透明度が抜群で、飲み進めるほどにじわじわと味わいが増す。シャキシャキの野菜の食感も素晴らしい。東京タンメンの一つの完成形

「珍満」

野菜使いが上手な御徒町のスタンダード中華
珍満

餃子が優れもので、池袋のみんみん系列にも近い。自家製の皮に野菜中心のあんがどっさり入っている。ソース焼きそばも人気。また、ここは担々麺にも野菜が入り、溶き卵がまろやかなピリ辛タンメンを楽しめる

錦糸町の店名に偽りなしの元気店
タンメンしゃきしゃき

大ぶりでもちもちとした餃子は、肉の旨味が存分に味わえ秀逸。タンメンのほうも、野菜の旨味がスープに溶け込み、太めの平打ち縮れ麺によく絡む。ここではラー油の他におろし生姜も用意され、他店では味わえないアクセントを楽しめる

ラーメン激戦区・新小金井街道沿いの超繁盛店
陳さんのタンメン亭

いつしかラーメン屋がひしめき合うようになった東京学芸大学前の通りの、タンギョーが看板のニューウェーヴ。スープはすっきりとした味わいで、皮が厚くてカリッと焼かれた餃子はとても濃密。なんでも松嶋菜々子も御用達とか

上野のガード下で正統派タンメン
珍々軒

アメ横を利用する人々から愛され、固定客が多い。その人気は年々高まっているようだ。しかし、脚光を浴びる前となんら変わらず、透明なスープの旨味、野菜のシャキシャキ感、ストレートな麺ののどごしと、重大要素3つがパーフェクトに整う

焼売もうまい、水天宮の簡素な佇まいの実力派
あづま軒

この辺りの地場中華はどこも手堅いが、ここでは本格派が安く食べられる。餃子と並んで大ぶりなシュウマイも大評判。常連さんたちはあっさりとした塩味の五目焼きそばをよく頼んでいるようだ。タンメンも、優しく素直な味わい

スカイツリーのふもとの濃厚ごん太麺
来来来(みらい)

創業40年で業平橋周辺では最古参店とのことだが、一連のタンメンブームの中で浮上してきた。浅草開花楼製のうどんのごとき太い麺が使われ、それにしっかり絡みつく濃厚スープが特徴。従来のタンメンとは一線を画す味

銀座の路地にひっそり構える実力老舗
中華三原

三原橋交差点近くの路地にあって、夜営業は5時から7時半までと短いが、知る人ぞ知る店。ラーメン450円は、昔ながらの味ともども、もはや銀座の宝だ。こちらのタンメンの黄味がかったスープはさっぱりかつ深いコク

「中華餃子 三陽」

チャーシュータンメン710円は新橋の完全食?
中華餃子 三陽

横浜・桜木町の「チンチン麺」(ニンニク風味の湯麺)で知られた同名店とは、おそらく無関係。餃子は野菜あんがねっとりしていて、食べごたえ充分。カウンターにデンと置かれた叉焼がいかにも美味しそうで、これをトッピングしたタンメンが◎

しかし、それほどポピュラーであるにもかかわらず、レバニラを前面に押し出した店というのは聞いたことがない。と思っていたら、それが2009年に清瀬にオープンしていた。北口商店街の外れの**「KEi楽」**である。

この店は、もともと朝霞にあった中華定食屋の「慶楽」が代替わりするときに、2代目が他店との差別化を図ろうと、評判だったレバニラを前面に押し出すことにしたのだという。

メニューには5種のレバニラ定食が筆頭に並ぶ。国産豚と宮崎産鶏(900円)、国産牛と数量限定茨城産豚(950円)、数量限定山形庄内産豚(1050円)。同店が紹介された『週刊現代』の「町の名店」によると、庄内豚のレバーは「旨味が濃厚で、血抜きの必要もなく、生でも食べられるほど」なのだそう。だったら、一番高いのをと、庄内レバーを注文する。

ジャーとレバーを揚げる音が店内に響く。ビール

甘くて美味しいレバニラ。さすがに産地が明記されているだけあり、新鮮

を頼まずにはいられない。すると、ニンニクのしょうゆ漬けがつまみにつく。お通しからしてスタミナ満点だ。

次いで野菜を炒める音が続き、ほどなくできあがり。

中華鍋から皿に移される量が半端でない。野菜が下に敷き詰められ、レバーがその上にこれでもかと乗っかっている。さらにビールを追加したいところだが、その晩は仕事もあったので、やむなくライスをパクつく。壁の掲示にはランチタイムご飯お替わり無料とある。またお昼も来てみようかな。

肝心のレバーは甘くて旨味が強く、フォアグラすら想起させる。量が相当あるので、ビタミンA不足の人は一食で充分補給できそうだ。

また、野菜を別に炒めてあるのも珍しい。野菜はニラともやしの他、人参、キクラゲ、マッシュルームまで入っている。

この店のウリはまぎれもなくレバニラだが、他のメニュー、たとえば豚バラ焼豚も炒飯もちゃんとある。カウンターだけの店なのでやや憚られるが、大勢で来てあれこれ突ついてもみたい。

考えてみれば、中華のレバニラは大体豚のレバーを使っていると思っていたが、牛

ビバ! **レバニラ**な店

浅草Bグルの定番の純レバ丼ではピカイチ!
あづま

浅草は千束通りの「味の工房 菜苑 本店」を発祥とする〝純レバ丼〟は、ニラ抜きのピリ辛レバーが大量のねぎとともにご飯にかかったパンチのある一品。錦糸町や小岩の「菜苑」でも食べられる

ニラの代わりにピーマンも合うのだ
味芳斎

薬膳風の料理も出す芝大門の名店は、魯肉飯風の牛肉飯が名物。ピーマンのレバー炒め（略してピーレバ）も人気の定番。丁寧に下処理されたレバーを、刻みニンニクと辛味を効かせ、大量のピーマンとともに炒める

茅場町の老舗中華の新名物〝レバ野菜丼〟
大勝軒

つけ麺の「大勝軒」とは無関係な、大正3年創業のお店。皿ではなく丼に盛られ、鶏レバーを使用というのは珍しい。ピリ辛の味つけにシャキッとしたニラ、キャベツ、玉ねぎが絡み合って730円。プラス50円で卵黄を乗せるとさらに美味

東長崎にある万能Bグル中華の切り札
新京

ラーメンも、注文を聞いてから包む餃子も、ともに300円。けれども手抜かりのない隠れた名店で、もやしが多めのニラレバも400円と格安! 奥さんの筆によるものか、壁に貼られたメニューのやわらかい筆跡同様、全般に優しい味

潔く野菜はニラだけ。しかしまったく飽きない

ニラだけのレバニラ! これが最強
来々軒

40年もコンビを組んでいるという中年男性2名が力強い中華を食わせてくれる、水天宮の実力店。もやしの入らぬニラレバが絶品だ。野菜炒めもキャベツと豚コマだけで構成され、素材の味を存分に引き出している

ここも忘れてはいけない。練馬の串焼き屋「友愛」のレバニラ炒め（400円）

有名油そば屋のユニークなレバニラそば
宝華

客足の絶えない東小金井の名店では、客の多くが「宝そば」という名の油そばを注文する。しかし、他のメニューも充実。中でも、珍しいレバニラそば（800円）を食べさせてくれる。ライス半盛は必須だ!

焼きとんの名店ならではの生レバニラ炒め
みつぼ

メニューがかなり豊富なため、看板の焼きとんまでなかなか辿りつけない。江戸川橋本店に比べ、池袋ジュンク堂そばのここは大箱。毎日臓物を仕入れており、レバーも新鮮。380円と安く、煮豚足とともにレバニラは注文必須だ

「中華ミッキー」の濃厚レバー入りあんかけ

独特さがクセになる広尾のレバあんかけ麺
中華ミッキー

ピリ辛あんがかかった飯やラーメン、焼きそばが店のウリ。レバあんかけ麺には、細かく切られたレバーがふんだんに入っている。濃いめの味つけで、満足感が大。元はカフェの居抜きらしく、女性でも入りやすい。

の場合もあるし、稀にだが鶏のも食べたことはある。レバーや野菜の種類次第で、レバニラにも様々なバリエーションが生まれる。ちょっとこの先、こだわってみたい。きっと、誰しも自分に合うレバニラがあるはずだ。

14 焼肉ライスは後を引くうまさ◇浅草・生駒軒

大衆食堂の「ときわ」のように、中華にも古くから暖簾分けで広がってきたゆるいチェーンがある。たとえば、後につけ麺で有名な東池袋「大勝軒」に連なっていく「丸長のれん会」。一年中冷やし中華がある代田橋の「代一元」、今やゼンショーグループの一角を成すGMフーズの「天下一」などが都内では知られる。その中で最も有名で、数も多いのは**「生駒軒《いこまけん》」**ではないだろうか。

下町ならたいていの街にあり、2、3軒入ったこともあるのだが正直まるで記憶にない。そこで、浅草に出たついでに入ったのが雷門の「生駒軒」。界隈の中華は大体行き尽くしたので取りあえずという気持ちで入ったまでだが、これが思わぬ収穫だった。

はじめはビールと餃子で様子見。もちっとした皮にあんの加減もよい。安心してグイッとビールをあおったぼくの耳に、〝先生〟と呼ばれる先客と女将との会話が漏れ聞こえてきた。

派手なシャツを着た先生は教師や医者には見えなかったから、整体師か何かだろうか、とにかくご当地で生まれ育った御仁らしい。前の晩にもこの店に来たようで、その時連れてきた女性が、先生の薦める焼肉ライスをベタ褒めしていた、という。そういえば、壁には「当店自慢 焼肉ライス　８００円」と大きくある。

出前から帰ったご主人に焼肉ライスについて訊ねると、「まぁ、お客さんの好みだからね」と言いつつ、なんとなく自信ありげだったので、麺類も気になったが、迷いを断ち切ってこれを注文。

これが実にオツだった。みたらし団子を思わせる軽くとろみのついた甘ダレが前に出て、生姜の香りは微かに感じる程度。肉はバラの細切れだが、この脂身が効いているようだった。皿には他にたっぷりのキャベツが盛られ、紅生姜が添えられるが、これがよい口直しになる。魚介がほどよく香るラードが張った熱々のスープともども、下町中華の王道を感じさせた。

そう気づかされると、生駒軒系列の検証も面白いと思ってしまう。茅場町「生駒軒」の黒こしょう焼肉定食も気になる気になる……。

街場の中華とっておきの隠し球　その1

肉と麺の両方を食べたいときにお薦めなチャーシュー麺

行列店の並びのチャーシュー麺がスゴい
盛運亭

並びの「大宝」という行列店の陰に隠れがちだが、こちらも味では負けていない。都心にありながら、最寄り駅のない南麻布の地で、今夜も深夜族やタクシーの運転手さんの人気を集める

独自メニューが光る荻窪のホウレン草炒飯
中華 徳大

炒飯メニューが充実の家族経営の行列店。カウンターで料理が来るまでの間、鍋を振るオヤジさんの軽妙な動きに見惚れてしまう。ホウレンソウがふんだんに入った緑鮮やかな炒飯には、豚コマ炒めがどっさり乗る。

見た目からして香ばしい、茶色いソース炒飯

おやつ感覚のソース炒飯が美味
来集軒

浅草の同名店も渋いが、台東区・佐竹商店街のこちらは浅草・来集軒製麺所の暖簾分け店。ここのキラーメニューはソース炒飯だ。ソース風味が立ち上る湯気とともにほんのり香る

こちらも異色。肉のうまみたっぷり「ハトポッポ」の炒飯

赤羽の肉炒飯は
Bグル好きのツボを突く
ハトポッポ

こちら肉炒飯は、武蔵関の「梁山泊」と違い、とろみのない肉あんというか、青椒肉絲のピーマン抜き状のものがかかっている。ふんわり系卵チャーハンとの絡みが抜群

「スープ燃えてまぁ〜す!」
肉あんかけ炒飯の雄
梁山泊

青梅街道が吉祥寺通りに交差する手前の、肉あんかけ炒飯の元祖的存在。マスターの「スープ燃えてまぁ〜す!」が聞きたくて、かつてはよく行ってが、最近は行列に怯んでご無沙汰

盛り盛り!「梅林」の肉ソース焼きそば(840円)

五反田の本格中華の
肉ソース焼きそばが絶品!
梅林(めいりん)

付近には出版社があり、そこの社員もよく利用する。店自体はそこそこA級だが、このメニューはBグルテイストに溢れている。麺の量もだが、肉がこれでもかと入って感動的だ。麺はパリッと芳ばしい

4 椎名町の貧乏学生&独身サラリーマンの灯火◇タカノ

西武池袋線椎名町の駅を出て、東長崎方面に向かってしばらく線路の南側を歩くと、道の角に面したその店の明かりが、煌々というにはやや心細げに辺りを照らしている。時計はすでに11時近い。なのに、ひっきりなしに客が訪れる。みんなほとんど一人で、遅くまで働いた帰りという風情。やや疲れた表情をしている。が、黙々と食べるうちにエネルギーが充満してきて、帰る頃には心持ち晴れやかに見える。**「中華タカノ」**はそんな貴重な店だ。

メニューはいずれも面食らうほど安い。ビールもキリン一番搾りの大瓶が400円だ。小躍りしてまずこれを注文し、店内に所狭しと貼られたメニューに見入る。ラーメン300円、チャーハン・中華丼450円、とんかつ定食が500円。2品取ってビールを飲んでも1000円そこそこ。この価格設定はひょっとして、創業当時からほとんど変わっていないのではなかろうか。

餃子(300円)を頼み、今度は辺りをうかがう。学生風が食べている肉炒め味噌定食は、見た感じ回鍋肉っぽい。30代半ばくらいの女性が一言つぶやいて、すぐ出てきたあれはなんだ？　炒めた肉の上に目玉焼きが２つ乗っている。メニューによると、肉エッグ定食（５００円）に違いない。それを１００円引きの単品でもらうことにする。

ここで、餃子が登場。意外に大きくしっかりした皮に包まれ、あんの野菜と肉のバランスも悪くない。すかさず肉エッグも到着。見た目よりも味は濃くない。むしろ薄味だ。肉はやわらかく炒め煮したふう。さっそく目玉を潰し、餃子とともに手酌ビールのつまみにする。うまい。

しかし、タンメン４００円は奇跡だ。これが値段に反して、コマ肉もちゃんと入った立派な一品。すっと消えていく淡白な味わいが、一杯飲んだ後に実に心地いい。

この店舗も含め、東京には「タカノ」と名のつく中華が4軒あり、いずれにも共通項を感じる。本家らしい梅島の店と近隣の三ノ輪の店はラーメン３００円、餃子２００円を貫いている。椎名町も安さで負けず、品数の豊富さでは上を行く。高円寺の章で紹介する「タカノ」は、それほどバカ安ではないが量はその分多く、メニュー構成も似たところを感じる。各店がどのように暖簾分けしたかは寡聞にして知らないが、いずれ椎名町店に再訪した際に訊いてみようか。

街場の中華とっておきの隠し球　その2

「オトメ」の茄子みそ炒めで、しっかり飯を食べる

〝オトメ丼〟としてもいいくらいの、ラブリーな中華丼

池袋でチキンライスとワンタンのCセットが◎
幸楽

予備校ひしめくエリアにあり、オレンジ色のドアからして昭和。店内は狭いが清潔で、昼時は相席必至だ。定食メニューが充実し、アジフライも大きく、カツ煮も注文を受けて一から作る。中華も洋食も、というニーズに応えるセットにほっこり

青物横丁駅で味わった常連推薦の五目そば
樹利

人気店で深夜でも賑わう。餃子と炒飯に、麺も追加しようと思っていると、常連の酔客から薦められたのが五目そば。繊細な塩味で、叉焼など具材から出る味には感服した

意表を突く中華丼が楽しい根津のお洒落系
オトメ

小ぎれいなつくりに、店名に恥じない気遣いがうかがえる。チャーハンなども具だくさんで家庭的。珍しい塩あんがかかった中華丼だって、叉焼2枚に目玉焼きまで乗せてくれる。このサービス精神が嬉しい

ひばりケ丘の住宅街にぽつりとある「孔雀苑」。家庭的な味で、メニューも豊富

ケチャップ系が美味なひばりケ丘の穴場
孔雀苑

ぼくのホームタウンから紹介。駅から遠いにもかかわらず出前の注文が途切れないここは、300 円の餃子などをはじめ、一流店で受けたであろう修業の跡が感じられる。酢鶏定食は、ソースの甘味酸味のバランスがいい

店名通りのボリュームを約束する東中野の個性派
大盛軒

「たいしょうけん」ではなく「おおもりけん」と読むこの店の人気は〝鉄板麺〟。熱した鉄板に大量のキャベツと肉類が乗り、酸味のあるソースをかけて余熱で調理する。プラス 50 円で半ラーメンがつく

「笑顔」の五目焼きそばは、カリッと焼き上げた麺の下に具だくさんのあん

お楽しみは大きな麺の下に隠れている?
笑顔《にこ》

先代から引き継いだ久米川の駅前中華屋を、当代が大胆に変革。看板の五目焼きそばは、ご覧のように麺が上にくるスタイル。麺がパリッと揚がり、その下には具材がふんだんに入る。そしてお味はさっぱり

激安中華の天国☆椎名町～東長崎の名店

中華料理屋だけど、焼き魚定食がイケる！
龍鳳

東長崎界隈は独身者のための深夜メシ場が充実しており、この店も深夜0時を過ぎても開いていた。サバ焼き定食を注文（小鉢つき）したら腹いっぱいになり、肝心の中華メニューを食べそこねてしまった！

トキワ荘の面々が愛したライスが欲しくなるラーメン
松葉

藤子不二雄の『まんが道』にも登場するこちらのお店は、ラーメンライスを正面切ってメニューに謳う。そのラーメンは叉焼が美味しく、ワカメ入り。薄くなってきた頭髪に効きそう？

〝すぶた焼きそば〟〝イカチリ〟など珍奇なメニューが魅力
珍珍亭

酢豚丼というのは早稲田の通称「わせ弁」にもあるらしいが、まず見かけない。酢豚焼きそばはもっと見かけない。酢豚にしようか焼きそばにしようか悩み悶える常連さんの姿を見て、考案したという

破格の安さとメニューのバラエティさに感激
銀楽

椎名町駅頭の小アーケード内にあって、味と安さで勝負する。ラーメン350円、日替わり定食550円……。豚カツやエビ天ラーメンなどもある。中華というより駅前食堂的使い方ができる便利なお店

うまいだけでなく店内の不思議な間取りも面白い
大羊（たいよう）飯店

もしも赤い暖簾が出ていなければ、廃業した店かと勘違いしてしまう。そんな見事に貫禄のある（?）佇まい。ラーメンはこの辺りの標準価格なのか350円。チキンライスとのセットもあり。野菜炒めライスつきでも700円！

〝地獄ラーメン〟が名物だが単品も充実
ラーメン ふじ

カウンターのみで昼夜営業し、深夜には常連が飲み屋代わりに使う親しみやすいお店。しかし実力は相当なもの。温厚な中年夫婦が昔ながらのラーメンを供する。ジャージャー麺も出しており、これが甜麺醤控えめで、盛岡じゃじゃ麺のような一品

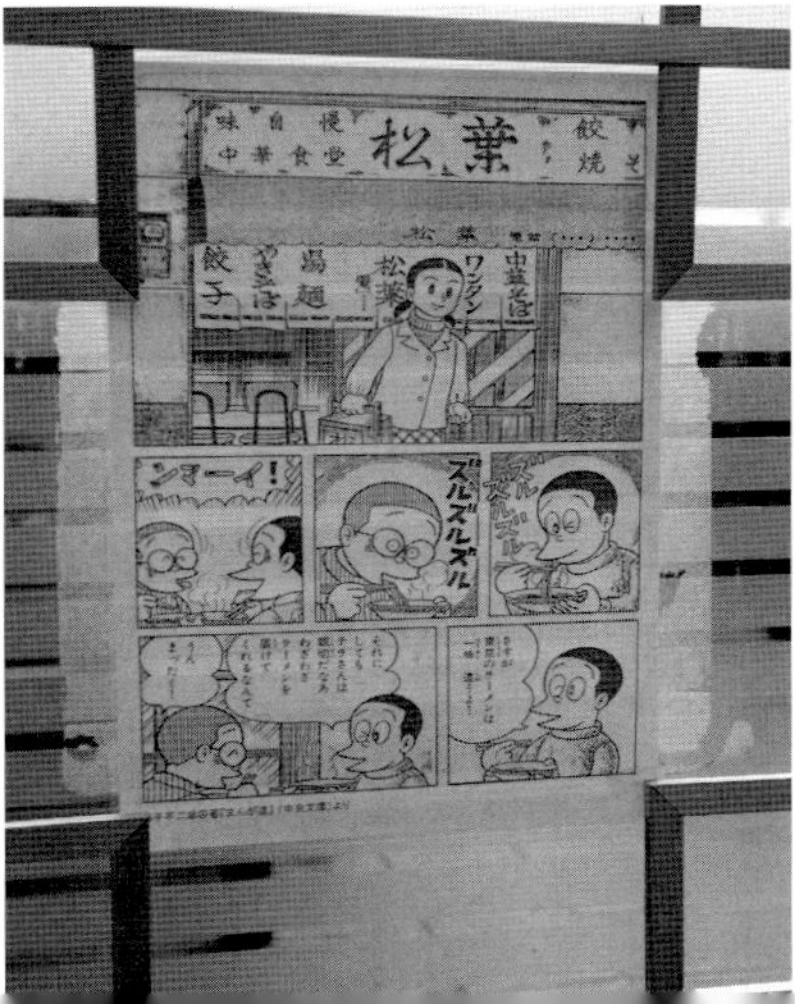

（上）かつて藤子不二雄も唸ったラーメンライス（左）店内には、お店が描かれたマンガが飾られる

心置きなく食べ、安心して飲める店

スポーツ観戦も楽しめる大久保の街中リビング?
日の出

大画面の液晶テレビがある中華料理店で、サッカー日本代表戦やプロ野球CSなどを眺めながら豊富なつまみを突つくのが、ここでの夜の楽しみ。ネット上では、全メニュー制覇を目指す熱心なファンがウェブサイトまで作っている

宝町で本格メニューもらくらくこなす街場の中華王
中華シブヤ

夜営業中に扉を開けると、うまいものを食っている客の充足感が、酒の昂揚とともにじわ～っと伝わってくる。ニラ肉炒めの上にふわっと卵焼きが覆いかぶさったニラ玉は、具材を卵に包んで食べるスタイルの名品

新宿の外れで飲みとシメを一気に堪能できる
まるしん

西武新宿駅の裏手、百人町交差点にある、セットメニューが豊富な店。深夜まで営業しており、頼もしいガッツリ系だ。看板には長崎ちゃんぽんと併記され、西新宿に本店がある。ここもテレビが大きくてスポーツ観戦向き

酸辣湯麺とぶためしがウリの浅草の穴場
十八番

年季が入った外観に一瞬怯むが、味は最上の部類だ。独酌者向けなのか、ミニメニューも充実。トマト、ピーマンも入った酸辣湯麺は、白髪ねぎがどっさり入った豚飯とセットで、調和のとれた味になっている

蒲田の地で50余年。本格系排骨飯も魅力
石川家食堂

中華屋なのに大衆食堂のような店名。とにかく目を見張る品数で、大根餅など台湾系メニューもあり、酒類も豊富。点心もちゃんと自家製で、排骨飯や小皿（330円）の角煮など、質・量ともに感動的

辛くないオリジナルの麻婆が乗った大森のウマウマ麺
満福

『モヤモヤさまぁ～ず』でも取り上げられた麻婆麺。餃子も良質で、ビールを頼んだら、生姜の効いた浅漬けの自家製新香をサービスしてくれた。亭主が自分で釣ったワカサギのフライも置かれ、酒肴も揃う、家族経営の楽しいお店

下北といえばここ! オンリーワンメニューの宝庫 **江戸っ子ラーメン 珉亭**

北海味噌ラーメンや温かいじゃじゃめん、ジャンドーフ（辛子肉豆腐）、ウィンナーピーマン炒め定食など、ここでしか食べられない異色の皿が多い。自家製の辛白菜＝薄味のキムチが乗ったのが江戸っ子ラーメンだ。

うまいもの充実タウン・三軒茶屋の中華の至宝 **三友軒**

こんがりほどよく焼けた餃子、大きくてしっかりとした焼売がそれぞれ350円、旨味のよく出たタンメンが600円と、超良心的なお値段。ガツやピータンなど、紹興酒に合うつまみもきっちり揃える

深夜営業が嬉しい 立石の手延べ餃子の名店 **蘭州**

経営をしているのは大陸出身の家族。看板料理を餃子に絞っている点から真剣さが伝わってくる。まるで本場そのものの水餃子を食わせてくれる良店。こんな店で深夜に一杯やれるなんて、地元民は幸せだ！

渋谷のメガ盛り中華は 宴会料理としても大活躍 **仙台や**

渋谷から少し離れたこの店は、大食男性御用達で、ともかく太っ腹な量の料理を出してくれる。餃子もモンキーバナナ状態なら、五目かた焼きそばはチョモランマ級。とにかく一心不乱に食べるしかない

「尚ちゃん」

このお店の周り一帯がひときわ賑やか。若いカップルが楽しそうに食べているのもよく見かける

夜中まで若者で賑わう 中野富士見町の元気店 **尚ちゃん**

中野富士見町のオアシス的存在。大勢の若者や酔客が、夜も更けたというのに、バイク、自転車、タクシーで次々と押しかける。甘い卵とピリ辛の肉野菜の調和が素晴らしい〝野菜ラージャン〟が一押し

ちゃんぽんは麺類のチャンピオンである！

慢性的野菜不足を抱える一人者にとって、ちゃんぽんはタンメンと並ぶB級ヘルシーフードの王者。それでいてスープは豚骨で濃厚。これはブーム到来も近いかもしれない

九州豚骨と魚介の幸福なマリアージュ

最近、ちゃんぽんが麺食の新しいトレンドになっている（と思う）。豚骨、鶏ガラ、海鮮の旨味が詰まったスープに、炒め煮した野菜がふんだんに入り、これをよく吸ううどん状の麺が合わさって煮込まれるちゃんぽんは、いわば総合食。一食の充実度も高く、野菜たっぷりで女性をも惹きつけ、日頃ラーメンばかりで栄養が偏ると悩む独身男にはことに好評だ。

ちゃんぽんというと、長崎の郷土料理の代表のように思えるが、同じ長崎でも小浜、長崎以外では熊本の天草、水俣、北九州の戸畑と、九州の中でも独自のちゃんぽんがあるようだ。水俣や戸畑の麺は細い蒸し麺で食感がだいぶ異なるという。

戦後は「ちゃんぽん」の名称が九州以外の各地に飛び火し、愛媛の八幡浜、滋賀の彦根には、九州勢の豚骨スープではなく、鶏ガラベースにカツオや昆布出汁を合わせたあっさり系のスープが定着。醤油ベースのスープをあんかけ状にしたものもあり、東京でもこれをちゃんぽんとして出す店を散見する。

さて、ぼくがなぜこのちゃんぽんにこだわるかというと、それなりの理由がある。高校1年の夏休み、親友の帰省につき合って、五島列島の福江に10日ほど滞在したことがあった。長崎市内の重要文化財である眼鏡橋が流されたほどの、強烈な台風に遭遇して散々な旅となったが、親友のおばあさんの作ってくれた濃口のアゴ出汁の五島うどんとともに忘れられないのが、その家の裏の店から出前で取ったちゃんぽん。今となると店名を調べようもないが、衝撃的な美味しさだったことははっきりと覚えている。

スープはひたすら濃く、魚介の風味も強い。そしてやや甘みがある。緑とピンクのかまぼこ（あちらでは〝はんぺん〟と呼ぶ）の彩りも艶やかで、それらや竹輪からも味が出ていたのだろう、よい意味でのジャンクさに瞬間トリコになった。後にも先にもあんなちゃんぽんは食べたことがない。

ベスト・オブ・東京ちゃんぽん【食べ比べ】

野菜と海鮮で色鮮やかな美味麺は、こんなにもバラエティ豊富！

長崎街道（新橋）

エビプリプリ度★★★★★

居酒屋だが女将自慢のちゃんぽんは本物。彩りだってご覧の通りの見事さだ

長崎チャンポン桃園（有楽町）

玉子幸せ度★★★★★

錦糸玉子が上に乗る、酒が進むしっかりとした味わいのちゃんぽん

長崎ちゃんぽん有楽（武蔵関）

麺のごん太度★★★★★

一見味噌ラーメンのようだが、野菜の量と太い麺の自己主張は見事な存在感

來來來《らいらいらい》（三軒茶屋）

バランス度★★★★

東京一のちゃんぽん評判店。副菜なども含めた総合的な評価も高い

長崎菜館（八丁堀）

野菜てんこ盛り度★★★★★

もやしやキャベツなど山盛りの野菜は、ボリュームでいえば最高のちゃんぽん

唐八景（高円寺）

いぶし銀度★★★★

ご主人は本場長崎出身だが、東京風にアレンジ。ミニすり鉢に入ったゴマをお好みで

強いていえば、渋谷は場外馬券場近くの**「長崎」**の味に近い気がする。池波正太郎も愛したという老舗だが、並木橋の交差点を恵比寿に向かって左に曲がった坂の途中のマンションの1階にあって、相当に目立たない。が、周囲に漂う豚骨の香りですぐそれとわかる。夜は飲める雰囲気で、鱧《はも》皮の酢の物を頼んだらビールが2本ぶんくらい飲めそうなほどの量が出てきた。

焼売も小皿（3個入り300円）があるのに、うっかり一人前（倍入って550円）注文し、これも平らげるのにビールを2本空けてしまった。干し貝柱の甘味を強く感じつつも、ほろっとした肉感がなんともいい感じ。たっぷり盛られたつけ合わせの茄でもやしは淡いカレーと甘酢の味つけで、これもここ独特のもの。

肝心のちゃんぽん（945円）だが、麺はやや細めでスープの飲み口はあっさりしている。が、豚骨から出た出汁がしっかり味の下敷きとなり、本場らしい甘味も感じられる。キャベツは控えめでピンク色のはんぺんとゲソの色合いが際立つ。キクラゲの他に干し椎茸も入って、その香りが個性的だ。これが皿うどんだと、茹でもやしがあんと麺（太麺も選べる）の間に敷かれる。

渋谷はちゃんぽん店の多い町で、道玄坂裏の**「長崎飯店」**も古顔だ。ここもメニューが豊富で、むしろ夜は中華料理屋として通っているくらい。ランチセットだと、小ライスにきゅうりのキューーちゃん風漬物がついて850円也。スープの飲み口は「長崎」よりさらにあっさり。ただ、牡蠣とあさり入りなので魚介味がしっかり出ている（牡蠣は相当細かくカットし、香りづけに使うらしい）。高田馬場、麹町にも同名店があり、馬場店は雰囲気も味も渋谷店に近い。

「はしばやん」はもともとセンター街にあった長崎ラーメンの店で、そこがちゃんぽんを看板にし始めたらしい。最近では本邦初のちゃんぽんのつけ麺〈ちゃんづけ〉も提供している。ここのちゃんぽんは白湯スープを謳っており、本場ならではの豚骨臭はないので、それが苦手な人やちゃんぽん初心者にはいいかもしれない。無料でトッピングできる生卵を途中からほぐすと、カルボナーラ風の味わいになって、女性に受けそうだ。

桜坂にある**「桜ん坊」**のちゃんぽんはスープがクリーミー（850円でエビ、あさりも入っている）。ここのあんかけご飯が、沖縄ちゃんぽん風。野菜炒め定食などもあり、ちゃんとメシを食べたい客を逃さない姿勢を貫く。カウンターのみの店で、圧倒的に男の一人メシが多いのだ。また、皿うどん用にご当地ソースの代名詞「金蝶ウスター」が置いてあるのが嬉しい。長崎のチョーコー醤油が1941（昭和16）年から販売しているもので、イギリスのリーペリンソースみたいにスパイシーで酸味が強いが、それでいてどこか和風の味わいが皿うどんにはよく合う。

ちゃんぽんの拠点は渋谷と日本橋

しかし、渋谷界隈にはどうしてこうもちゃんぽん屋が多いのだろう。原宿では昼のみ営業の**「つくも」**（夜はご常連相手の酒場に変身？）。カウンターだけの小体なお店で、ちゃんぽんと皿うどんのみを出すストイックさが快い。どちらも具の量で度肝を抜くが、あっさりと食べやすくスルスルいける。野菜のシャキシャキ感はむしろタンメンに近い。ゆかりご飯を無料でつけてくれるが、残すのは厳禁だ。

そして、渋谷を田園都市線に乗って2つ行った三軒茶屋には、食べログなどで東京一との評価を受ける**「來來來《らいらいらい》」**がある。が、ぼくはこの店のちゃんぽんを食べるのが遅すぎた気がする。ちゃんぽん食べ歩きを意図するようになってからでも数年、ずっと食べ損なっていた。スープはややあっさり。一口餃子や小ぶりの豚まんを食べ、ビールを飲む。いつも混んでいるのでそうゆっくりはできないが、仲間といろいろ突っついて一杯やるには最適だろう。

いずれ、この店でワンランク上のそぼろ（長崎弁で上級の意）ちゃんぽんも食べてみたい。これにはうずらやピーマン、タケノコなども乗って、明らかに具が大きいのだとか。魚介が入らぬ〈とりちゃんぽん〉も大いに気になる。

三茶にはもう1軒、いつの間にか「きたなシュラン」で満点の星3つを取っていた**「長崎」**もある。目の前に東京に残る数少ない名画座が2館あり、どちらかに行く度、かなりのペースで通った店だが、ぼくはここに来ると、つい煮込みを頼んでしまう。豚ホルモンを麺用のスープと醤油でぐつぐつ煮て、大根やこんにゃくもたっぷり入ってねぎがどさっとかかり、白い飯によく合う。また、一人客の要望で半焼売や半炒飯などの〝半シリーズ〟が増え、ほぼ定番化したオーダーもある。焼売には自家製の浅漬けがついており、これがまたいい具合。ニラ比率の高い餃子もうまいのだが、やわらかめでグリーシーな焼売が発泡酒に合うのだ。

おっと、肝心のちゃんぽんは、というと、歌手の佐川満男か俳優の諏訪太朗似のオヤジさんが作るそれは、タンメンのスープに近い。寒い日に食べると体も心も温まる。こちらもヘルシー系ちゃんぽんである。

これらがシブヤ系ちゃんぽんとすると、他に専門店が集中するのは八丁堀～茅場町といった日本橋近辺エリアである。日本橋にはかつて「長崎楼」という名店があり、さらには、本店と別館が向かい合う八丁堀の**「思案橋」**の存在もあって、この近辺に増えたのだろうか。「思案橋」本店の開業は今から35年ほど前。『思案橋ブルース』などのヒット曲や、なかにし礼の『長崎ぶらぶら節』などに描かれた思案橋は、かつて日本三大遊廓の丸山を流れる玉帯川にかかっていた。花街に「行こうか戻ろか」と思案したので、この名がある。ずいぶんと粋な名前をつけたものだ。

「思案橋」のちゃんぽん（840円）は具材の種類が多いのが特徴で、エビ、タコ、イカ、あさり、豚コマ、厚揚げ、はんぺん、もやし、キャベツ、キクラゲ、白菜に彩りの貝割れが乗り……という案配でこんもり盛られている。スープはあっさりで、大量の具と格闘するうち、スープにエキスが溶け出しグンとコクが増す。九州の甘い醤油でいただく鳥刺しや様々なさつま揚げ類をつまみに、並々と注がれた焼酎も楽しみたい。

この、夜は一杯楽しめるスタイルの人気店が、八丁堀の**「長崎菜館」**。いわゆるメガ盛り、てらメシの有名店でもあり、昼時はホールのおばさん3人がてんてこ舞いの様子だ。写真撮影禁止の貼り紙もある。実際、誰もが意表を突かれるほどのてんこ盛り加減なのだ。冷やし中華も炒飯も爆盛りで知られ、しっかり油通しした大量の豚コマを玉ねぎやにんじんと甘辛く炒めた、いかにも日本人の味覚のツボを突いた豚肉丼という隠れた人気メニューもある。

郊外のダークホースと新規チェーンの現状

一方、新橋の長崎料理屋**「長崎街道」**のちゃんぽんは夜も食べることができる。しかも濃厚クリーミーなスープの本格派で、飲んだ後のシメを想定しているせいか、野菜などの具材は控えめ（ランチ営業時は未訪問）。もやしよりキャベツ多め、エビプリプリが個人的には嬉しい。日本橋の**「ながさき」**も同様に、夜はハトス（海老団子のパンはさみ揚げ）や鯨ベーコンも味わえる長崎料理屋で、ちゃんぽんも正統派（940円）。

神田の**「西海《さいかい》」**も〝長崎料理で飲む〟という印象の強い店だが、ランチタイムのピークを過ぎた昼1時からの特別定食目当ての客も多い。さっぱりめの豚の角煮に肉汁たっぷりの水餃子、野菜たっぷりの皿うどん、さらに麻婆豆腐などの日替わり1品、スープのバランスがよい麺抜きのちゃんぽんが吸い物としてつく。

そうだった、有楽町にも古典的な1軒、交通会館地下の**「長崎チャンポン 桃園」**がある。ここもまたぼくにとっては原点の味だったか……、と先日久々に入って思い出した。錦糸玉子の乗ったここのちゃんぽんを、子ども時代に確実に何度か食べているのだ。

スープの豚骨度合いは控えめだが、あさりの出汁がしっかり出ていてこれはこれでうまい。極太麺の食感も独特。トッピングは他に鶏ささみの唐揚げ1個、揚げた肉団子も2つちょこんと入り、なんとなくそれだけでごちそう感が増す。

ちゃんぽんの麺にこだわるとしたら最右翼は武蔵関の**「長崎ちゃんぽん 友楽」**かもしれない。すでに70代後半のご主人は北関東ご出身で、元は製麺所に勤めていた。そこが不景気と跡継ぎの問題で傾きかけたことから、自ら飲食店を営む決意をし、当時まだ珍しかったという理由でちゃんぽん屋を選んだのだそう。今でも元いた製麺所の関係筋に、特注の麺を発注している。珍しく鹹水《かんすい》（塩分を含んだ水）を使った黄色く極太の麺で、コシもけっこう感じられる。これが、この店特有の変わり種スープ（味噌、カレー、キムチ、キノコなど）のちゃんぽんにはなぜかしっくりくる。よりラーメン感覚なのだ。ご主人曰く、「味噌はウチが日本初じゃないの？」とのこと。30年前の創業当時から「何かウリを作らなきゃ」と思い、メニューに載せているとか。家庭的な雰囲気と、娘さんお手製の店内ポップがキッチュで、ともかく居心地のいい店だ。

ところで、ぼくの地元・西武池袋線のひばりケ丘にも、けっこうご機嫌なちゃんぽん店**「くぼた」**がある。ここもちゃんぽん屋のご多分に洩れず、安く飲めて（ビール中瓶400円）つまみも上々。特にまん丸小エビの入った餃子と、味つけの絶妙なレバニラが美味しく、実はそればかり食べている。野菜がどっかりと乗ったちゃんぽんにも手抜かりはない。

なお、ちゃんぽんと言えばチェーン店の「リンガーハット」がよく知られているが、JR東日本フードビジネスも、駅ナカ飲食の新機軸としてちゃんぽん店**「華らんたん」**をオープンさせている（有楽町と大崎）。日本レストランエンタプライズ経営の**「東京タンメン本舗」**（阿佐ヶ谷）と同様、今後のJR駅内でのファストフード展開を占う新業態と言えよう。ちゃんぽんトレンドは間違いなくセットされたのである。今後さらなる隆盛を見せるのか？　大手の進出で大衆化が進み、牛丼戦争のようなことがひょっとしたら起きるのでは……？　と、大きな期待をもって見守っているのである。

東京Bグル二大聖地巡礼【高円寺編】

高円寺は中央線随一の、若者居住率の高い町だ。学生や夢を追う若者が、ビンボー暮らしをそれなりにエンジョイしながら暮らしている。

駅前に3店舗を構え、昼過ぎからもうもうと煙を立てる焼鳥の「大将」の前を通ると、昼酒の苦手なぼくもつい吸い込まれそうになる。いい年をした自由業者が住むには危険な町だ。当然、安い飯屋もごまんとある。単身者が多く在住するということは、すなわち外食依存度も高い。新旧の中華に定食、洋食、エスニック……。Bグルの観点からすれば、東京一の充実度ではないだろうか。

そんな中、〝高円寺三大B級グルメ〟と称される店がある。ハンバーグの「Mash」、中華の「大陸」、そして、中華というより定食屋の「味楽《みらく》」。いずれも500円以内で腹いっぱいになれる驚異の店だ。この3軒の案内から、高円寺Bグル巡りを始めようか。

深夜にかき込む400円のかつ丼

高円寺駅の北口を出て、庚申通りを早稲田通りにぶつかる直前まで歩くと、**「Mash」**の洒落た屋根看板が見えてくる。すでに何十年とここで商っている店のようだ。駅近くの仲通り商店街にある「ニューバーグ」（かつて高円寺にもう1軒あり、荻窪にもあった）の姉妹店で、ここのハンバーグは練り物のように固くて〝ねっとり〟。懐かしきマルシンハンバーグの食感に近いとも言えるかもしれない。

最安値は、基本のハンバーグ450円。サービス（550円）は、ハンバーグと目玉焼きにスパゲティとミックスベジタブルが添えられ、日替わり揚げ物が1品ついて、ご飯と味噌汁がセットで出てくる（最近はミニサラダもつく）。

ハンバーグは熱々の鉄板に乗せられ、たっぷりデミグラソースがかけられ提供される。このソースがなんとも郷愁をそ

一見カフェ風だが、ぼくみたいな中年男に嬉しいずっしりハンバーグが魅力

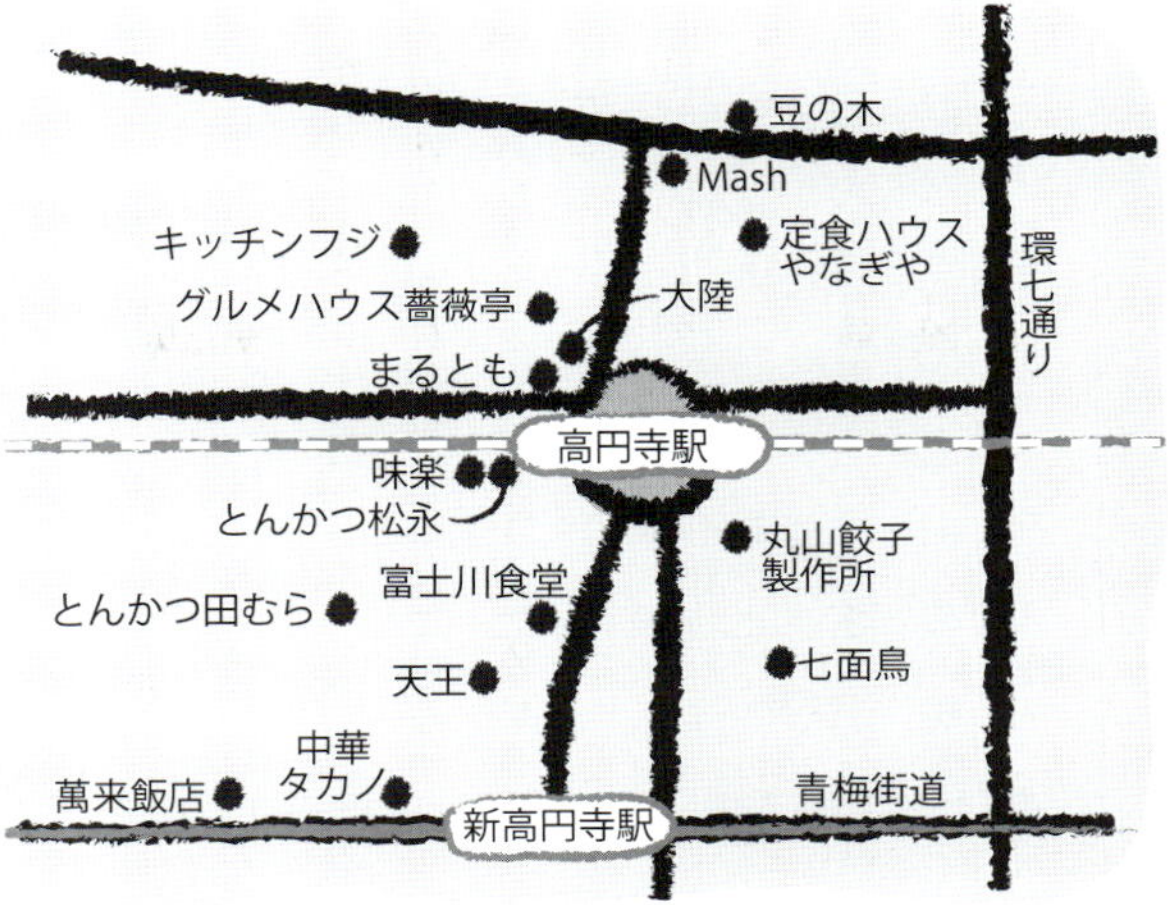

傘寿間近のご主人が作る、ガッツの出るボリューム料理が食べられる

そるのだ。ソースは30円増しで変更も可能で、その中でもメキシカンは酸味と辛さがクセになる。

中華の**「大陸」**は、北口から徒歩1分の距離。店頭にはデカデカと、『復活！　カツ丼400円　ラーメン300円』の貼り紙が。既に深夜12時を回っていたが、これはカツ丼を食うしかないでしょう！

厨房のオヤジさんは相当なご高齢（78歳だそう）。そのオヤジさんが運んできたのが、新香にマカロニサラダの小鉢、中華スープ。でもって、ドーンと飯の量もハンパじゃない丼。肉厚のカツが存在感を示している。ざっくり切られた玉ねぎもワイルド感をいや増す。なぜか海苔が1枚ひらりと乗っているのがご愛嬌で、ツユダク状態の甘めのツユが、ご飯とともにじゃぶじゃぶと音を立てている。『いなかっぺ大将』の風大左衛門《かぜだいざえもん》さながらに、丼を抱えて一気にかき込み、終電へと急いだ。

「大陸」のツユダクカツ丼

お次は、南口ガード沿いの**「味楽」**の、一日中食べられるランチ（４５０円）に挑戦する。こちらも、かなり年配のご夫婦が営むお店。
最初にお冷と一緒に供されるのは、ヤクルトの類の小さなドリンク。ともかくスタミナつけてもらいますよ、という気合いがここからも伝わってくる。ランチは日替わりで、ぼくが覗く日は、いつも店頭のホワイトボードに「焼肉とハムカツ、目玉（焼き）に味つけ海苔」とある。チキンカツの日も多い。

この日は、目玉焼きの代わりの冷や奴がステンレスのプレートに一緒盛り。そこに、生のプレスハムが分厚く切られて1枚乗り、さらにマカロニサラダと粗めのせん切りキャベツが山盛りに乗せられてやってくる。〝愛情の渾沌〟とも言えるこの盛り合わせを、てんこ盛りのご飯とともにいただく。薄めの肉をダイナミックに包むカツの衣は、結構厚い。キャベツの山はもっぱらこれで食べ進める。よく煮込まれたわかめの味噌汁をズルズルすすると、はるか記憶の彼方の学食が思い出される。

目の前のテーブルでは、鼻や耳にチェーンつきピアスをした、いかにもバンドマン風の青年が肉野菜炒めで飯をかっ食らっている。

夜はどこかでパンクかミクスチャーロックを演奏しているだろう彼に、女将さんが「今年の夏は田舎に帰るの？」などと声をかける。「どうすっか、まだ考え中です」。そこには訛りが混じる。東京育ちで故郷を持たぬ、いい年をした一人者の目には、そんなやり取りがいかにも羨ましく映るのだ。

高円寺洋食の良心「田むら」の悩ましきセット物

洋食では、北口「大陸」のはす向かいにある**「グルメハウス薔薇《ローズ》亭」**。店内にはキーホルダーなどの全国の土産物が所狭しと飾ってあり、それに加えて賑やかなママさんの、愛嬌に満ちた接客が特徴的だ。

メニューはたいそう豊富で、ここも日替わりは450円という安さ。カツカレーでその値段なら、某カレーチェーンより200円以上安いのだが、手抜かりは一切なし。カツはさっくりと仕上がっており、さらっとしたソースは洋食系とインド系の中間といったところ。その軽さに食欲が進み、一気に平らげてしまった。

北口のやや外れにあるのは**「キッチン フジ」**。いかにも昭和の洋食屋という外観に、期待がぐっと高まる。

ここは日替わりの3品盛り合わせがウリ。訪れた日は、ハンバーグにハムエッグ、生姜焼きの組み合わせだった。ライスに味噌汁、きゅうりとかぶの新香に、やはり手製のフレンチドレッシングのかかったサラダつきで600円という破格プライス。それでいて、洋食屋のクオリティを保ちつつきっちり満足させる、Bグル的完成度はピカ

銀プレートに整然と配置されたフライ、焼肉、卵……。これぞ洋食美!

イチだ。

デミグラソースには独特の旨味があり、生姜焼きのタレは甘味を抑えた大人味。相応の修業を積んだご主人だろうと睨むと、どうも明治創業の老舗フランス料理店「上野精養軒」出身のようだ。

この店が属する北中通り商店街のホームペー

ジには、『創業37年　昭和の味を守っています。』の一行が。そこはかとない自負を感ずるではないか。店先にあるスーパーカブで出前も行っている様子だ。

出前といえば、南口の**「とんかつ 田むら」**も超安値・高品質の愛すべき1軒。こちらは奥さんがバイクを駆って配達をする。とんかつを看板に謳ってはいても、定食類も感動するほどの盛りだくさんぶりだ。

〈Aセット〉エビフライにポークピカタ焼き（630円）

〈Bセット〉イカフライとカニコロッケに、ハンバーグピカタ焼き（520円）

〈デリシャスランチ〉エビフライ、カニコロッケ、メンチカツにチキンピカタ焼き（630円）

〈スペシャルランチ〉イカフライ、一口カツ、チキン唐揚とベーコンエッグ（630円）

さらに、〈取り合わせ定食〉というのが①〜③まであって、16種類の基本の定食

「田むら」の出前にお世話になっている高円寺住民は、相当多いはずだ

をカバーしている。ピラフ類やカレーも揃い、ここのメニュー黒板を眺めるたびに、全品目制覇を夢見てしまうのだ。

一番安い〈Ｂセット〉だって、そのボリュームには超納得。揚げ物感覚の卵焼きに包まれたバーグピカタはちょっとメンチ風。カニコロッケもちゃんと自家製だ。また、ここのハムエッグはハムが主役で、卵の上を切り落としのハムがこれでもかと覆っている。

洋食をつまみに飲むのが好きなぼくは、高円寺在住であれば、週２回は通うだろうな。

地味にいい仕事をする「まるとも」のとんかつ

とんかつといえば、南口降りてすぐの路地裏の**「とんかつ 松永」**も見逃せない。ニンニクカツ定食（９５０円）は、スタミナをつけたい男子に好評だ。ニンニクを刻むところから調理は始まり、それがロース肉にびっしりと詰まっている。夜は一品メニューが豊富で、居酒屋として利用する客が多いようだ。

北口の**「ステーキ&とんかつ 宕《ヒロ》」**も、そんな立ち位置のお店である。ロース定食は並（890円）でも食べごたえがあり、ご飯のお替わりが嬉しい。

そして、同じくとんかつの穴場は、駅の反対側にもある。**「まるとも」**だ。控えめなご夫婦が相当良心的な仕事ぶりを見せてくれる。店頭の「とんかつ定食600円」という貼り紙につられて入店。

山盛りのキャベツ、しっとりしたポテトサラダ、とんかつが、大皿にきれいにレイアウトされて運ばれてくる。衣の厚みもほどよく、肉の存在感も脂の旨味も、価格を考えたら申し分ない。

隣のご老人が食べているのは、ぼくのよりも一回り大きいロースカツで、昼間からビールをぐいぐいあおっている。半分を酒のつま

（右2つ）「まるとも」の定食は600円でこの厚み！（左）高円寺駅前のニッチな場所にとんかつの未踏峰があった！

みにしても、残り半分で充分ご飯も平らげられそうなサイズだ。

それを見ていると、ぼくもとんかつをつまみにビールを飲みたくなった。けれども、それは夜のお楽しみにとっておこう。

ハンバーグで一杯やりたいけど、長っ尻は無用!?

Bグル愛好家には早稲田通りまでしばらく歩いて、一見喫茶店風の**「豆の木」**を訪ねてもらいたい。ハンバーグもポークソテーもやはり味噌汁つき。600円の日替わりランチも揃い、食欲のない日などは、コンビーフ入りオムレツなんぞにも惹かれてしまう。ポークカツレツにはハム・チ

（上）非ケチャップ党には嬉しい、バター醤油ソースが芳ばしいハンバーグ（右）「豆の木」のレトロな店内

ーズ入り、ビフカツやサーモンムニエルだって700円だ。

ぺたっと平べったい合い挽きハンバーグは、つなぎは少なめで肉がぎゅっと詰まっている。軟骨の歯触りが心地いい。また、特製のソースは醤油とバターがベースで、ご飯をわしわしと進めさせてくれる。

つけ合わせはほっこりとしたポテトサラダ、ごまと酸味の効いた和風ドレッシングがけサラダ、バターを絡めたスパゲティがいずれも少し添えられる。

持ち帰り弁当も販売しており、そこにつく「味つけ煮タマゴが絶品」との声も聞く。夜は23時までの営業で、酒類がもう少し豊富だったら、飲み屋使いしたくなる良店だ(小体なお店なので、長っ尻のぼくはやめておいたほうがいいかも)。

カウンターだけの繁盛店「富士川食堂」。ご夫婦の厨房での動きは、実に軽快

魚メニューに自信あり、の格安定食屋

高円寺の定食屋の充実ぶりは他の街を圧倒する。代表格は、南口の**「富士川食堂」**。

〝どれを頼んでもうまい〟のお手本のような店だ。

某日の内容は、茄子とピーマンの味噌かけ（素揚げに甘味噌ダレがかかる）、唐揚げ盛り合わせ、新香、ご飯、わかめと豆腐の味噌汁。これが５００円と安い。

ボリュームのあるマグロブツや、注文を受けてから焼く塩サバなど魚のメニューに自信がある様子（人気のため早く売り切れる）。ゴツい体格のご主人は一見強面《こわもて》だが、会計時は一律サービスで10円を引いてくれた上、「どうもね。ごめんなさいね」と声までかけてくれた。

北口の**「丸長食堂」**は、銭湯マニアに名高い小杉湯の、まさに向かいにある。名物ミルク風呂に浸かった後、「さぁ、ビールとメシだ！」と駆け込んだわけだが、どうよ、このご飯の〝マンガ盛り〟具合は！　事前に一応

母から息子にバトンタッチされた伝統のメガ盛り店「丸長食堂」。あまりの飯の山具合、通称〝マンガ盛り〟に唖然

訊かれたんだけどね、「ご飯どうします？」って。「じゃ、フツーで」と答えてこれです。

　さらに別途１００円増しの大盛り設定があり、作業服を着た年配のオジサンが注文していた。ぼくの普通盛り多めがダチョウの卵とすれば、たぶんジャイアントモアの卵くらいには盛られていた。メニューの中でもつい変わり種を頼んでしまうぼくは、肉野菜のサンラーあんかけ定食（５５０円）を注文。これは〝あんかけ〟ではなく、野菜を炒めて酢や調味料類で味つけし、水溶き片栗粉を加えてぐつぐつ煮込んだ一品。

　そのおかずも１５０円増しで大盛りにできるのだが、そうしないと世界最大の鳥の卵の量の米は片づけられそうもない。ハムニラキャベツ炒めか鳥バタ（バターで炒めた肉をさらに揚げていると

(右) 副菜の小皿が豊富に伴う「やなぎや」
(左) 味噌汁もうまいS定食

か）でも追加注文しようかな、と思いつつ、結局最後はサンラースープをぶっかけて完食。その直後、妙な満足感が襲ってきた。

高円寺には、南口の高南通りから外れたところにこうした食堂が多い。その時々につく小鉢の変化が嬉しい**「福助食堂」**は、〈重箱定食〉（５００円）の充実ぶりを見ても、やはり副菜がポイントの店なのだと気づかされる。**「定食ハウス やなぎや」**も、そんな盆の上の〝幕の内感覚〟を満たしてくれる、得がたい店だ。

店内メニューには「ライスの大盛り無料」「お替わり50円」「くれぐれも残すな（残したらそれぞれ罰金50円に１００円）」と表示されている。ご飯の盛りをケチらない。それに足るおかずの用意もした。だから、お百姓さんに失礼なことはしなさんな、と三段論法で諭されている気になる。

よりどりみどりのメニューを前に、あれこれ悩む時間の楽しさよ。鶏竜田、ゆで肉（冷豚しゃぶ）、舞茸天、サラミ（いわゆるビアソーのカイワレ巻き）といった品数の多さに惹かれ、S定食にしてみた（このSは、スペシャルかサービスのどちらの意味なのだろう）。

盆を見ると、味つけ海苔がつき、味噌汁の豆腐がデカくてたっぷり。だったらご飯大盛りでも大丈夫！　という安心感が湧いてくる。これで600円なのだ。

お百姓さんにももちろんだが、てきぱきと厨房を切り盛りするご夫妻にまずは感謝である。

愛情スパイスの効いた中華はまさに百花繚乱!!

並み居る高円寺大盛り店を尻目に、中華は比較的真っ当な量をキープしている（気がする）。

南口のルック商店街にある**「天王《てんのう》」**は、回鍋肉で有名。ゆで豚とキャベツにサラッと（というかギトっと）油を回しかけ、本格的な甜麺醤《テンメンジャン》の風味で食べさせる。定食でも580円だが、単品（430円）を注文し、ビールをゴクゴク。となれば、シメはラーメンに半チャンのセット（600円）となり、結果的に食べすぎと相成る。

卵がしっとり絡みつつパラッと仕上がった炒飯、鶏ガラと煮干しの効いたスープが〝This is 支那そば〟と言えるラーメン、どちらも極めて王道の調理がなされている。この値段で食べられるのは、ひとえにここが高円寺だからかもしれない。

同じ商店街からちょっと路地に入った**「ラーメン万福」**は、なんたって元祖牛乳ラーメン（550円）で名高い。牛乳味噌ラーメンや冷たい牛乳ラーメンなどもあって、好奇心をくすぐられる。

パッと見は豚骨ラーメン。だが、ナルトやうずらの卵がそれとは違った感じを醸す。肝心の牛乳は、この日は八ヶ岳野辺山高原3・6牛乳を使用。ミルク臭はなく、思いの他あっさりといただけた。

定食類も充実しているので、ピーマン定食極小ライスもオーダー。ピーマン炒めがぼくにはほどよい塩加減で、肉も少し入り、ビールのつまみにはどハマりだった。どうやら亭主のこだわりはピーマンとキクラゲ、それになんにでもトッピングされるウズラの卵に注がれているらしい。

ピーマン定食につけたミニライス。あまりにも可愛らしい

同じ南口のやや外れ、古びた外観ながら界隈の中華料理屋の中ではかなり大きい部類の**「七面鳥」**。ここは、あのサッカー日本代表の長友佑都がFC東京時代に食べに来ていた。実際、ここの接客は長友選手の人柄くらい素晴らしい。内装の〝昭和保存度〟

も高く、それでいて清潔。コの字カウンターにドーナツ椅子も雰囲気がある。

酒類は店内隅に置かれたコーラ冷蔵庫から、基本的にセルフで持ってくる。ゆえに激安で、ビール大瓶500円、缶チューハイが250円だったか。それにすかさずお通し（といっても酒を頼まずともつく）が、女将さんの笑顔とともに供される。ブロッコリーの和え物にがんもどきの煮物。どちらもホッとさせてくれる。

〈湯めん〉と表記される定番のタンメン（500円）と餃子（380円）を注文。カリッときれいに焼けてニンニクが香ばしい〝正統派餃子〟の口当た

（左）高円寺マイベスト「七面鳥」
（右）上品なタンメンは、もちろんスープもすべて飲み干す

りは良好。タンメンのスープには軽くとろみがついていて、旨味を封じ込める。もやし、キャベツの他に白菜や彩り鮮やかなにんじんも入っており、女将さんの笑顔とも相まって、一人身にはホロッとくる。他にも玉子そば、いりそば（ソース焼きそばのことらしい）と、気になるメニューばかりだ。

逃れられない高円寺の呪縛!?

高円寺駅から南へ伸びるアーケード「パル商店街」、つづいて古着屋が並ぶ「ルック商店街」をテクテク歩くと、青梅街道に出る。この街道沿いにも名店がある。ここでは2軒紹介しよう。

ひとつは中華料理**「タカノ」**。安くてうまくて盛りがいい。肉の質がよいことは、〈肉エッグ〉を頼むとすぐにわかる。暖簾分けなのだろうか、同名の店が都内に4軒あり、椎名町の「タカノ」にも同じメニューがある。焼くというより煮込んであって、高品質の〝肉皿目玉焼き添え〟という趣だ。

チャーシューもしっとり系で、肉の味わいが前面に出ている。五目そばには、大ぶりのチャーシューが2枚も乗る。スープはさっぱり系で、煮込んだ野菜から出た出汁

「タカノ」は以前、深夜まで営業していたが、現在は午後10時半L.O.。近くの同じ青梅街道沿いには、メキシカンハンバーグがウリの「BRONCO」が深夜2時まで営業中

が肉のエキスと一体化し、じんわり旨味が伝わってくる。このチャーシューの端切れがたっぷり入った炒飯も、大変評判である。

もう１軒は**「萬来飯店」**。皮がモッチリ&ジューシーなジャンボ餃子が名物で、６個５００円、３個２５０円と選べる。

定食類は８５０円と、高円寺界隈ではやや高めの価格設定だが、ラーメン類の優しい味わいが高い評価を得ている。７００円の炒飯は〝焼き飯〟と呼びたい焦げた醤油の風味がビールに合い、てっぺんに埋め込まれたグリーンピースもキュートだ。

餃子といえば、高円寺にはテイクアウト中心で7個210円と驚異の安さを誇る北口の**「赤天」**（特製の味噌ダレで食す）、南口降りてすぐの**「丸山餃子製作所」**など専門店も人気。その他、東高円寺の**「満州王」**、背油こってり系オロチョンがクセになる**「ラーメンギョーザ タンタン」**など、深夜族に熱く支持される店もある。

この街を歩いていると、あちこち目移りして仕方がない。

焼いてもらったのを食べるもよし、生餃子を買って家で焼くのもよし

マイナー牛丼を偏愛す

―丼チャンピオンリーグの愛すべき異端児たち

並 東京の牛丼の原点は新橋にあり？

牛丼は現在、比類なき和製ファストフードの王者である。有名チェーンだけでも、全国で２００３年からの７年間で１７００店舗も増えたと言われているが、特に「すき家」の拡大路線には目を見張る。２０１０年１月の数字で、「吉野家」が全１１７６店舗、松屋が７７６店舗に対し、すき家は１３８１店舗。４年間でほぼ店舗数を倍にしている。

しかし１９７３年に、創業開始から74年を数えた「吉野家」がフランチャイズ展開するまでは、牛丼はほぼ東京などの下町に限られた食べ物だった。家庭ですき焼きの残りを飯にかけて食べることはあっても、「吉野家」が普及する前は、ぼくも専門店のものは食べたことがなかった。

牛丼がここまでポピュラーになったのには理由がいくつもある。その最大の契機は1991年の牛肉の輸入自由化だろう。それ以降、大手チェーンは価格競争で凌ぎを削っている。

20年ほど前まで、新橋や銀座の裏通りに「かめちゃぼ」という牛鍋屋があった。ぼくは名画座の新橋文化で2本立てを観た帰り、ここにちょくちょく立ち寄って、カウンターで一人鍋を楽しんだ。「かめちゃぼ」にはしゃぶしゃぶも鉄板焼きもあったが、注文するのは一番安いのでもっぱら牛鍋。むろん、最後は残った汁を溶き卵とともに飯にかける。「ああ、牛丼というのはここから始まったんだなぁ」と実感させてくれる一品だった。

この店は新橋駅のガード下にも支店があり、それが牛丼専門店。いつしか「なんどき屋」、続いて「牛めし げんき」と名前を変え、朝定食や蕎麦も提供するようになり、カウンターだけの6席にはいつも行列が絶えなかった。それが2010年6月、ひっそりと店を閉めてしまった。私の記憶に残るマイナー牛丼の雄といえば、この「げんき」なのである。

「かめちゃぼ」の名は、きっと〈かめちゃぶ〉から来ているのだろう。鹿鳴館の時代、外国人居留地に住む外国人が犬に「Ｃｏｍｅ！」と呼ぶのを聞いた当時の日本人が、犬のことを「かめ」だと思い、それが「ちゃぶ」（卓袱台《ちゃぶだい》＝食事）と合体して、おかずの残り汁をかけた犬用の飯を「かめちゃぶ」と呼ぶようになったという（代わりに味噌汁をかけたのが、いわゆる猫まんま）。

新橋にはこの「かめちゃぼ」系統の牛めしがまだ残っており、それが銀座ナインに入っている**「なんどき屋」**。ニュー新橋ビルを浜松町側に渡ったあたりの、24時間営業の居酒屋「なんどき屋」でも牛めしを出すが、より古いのは銀座ナインのほうらしい。この2店、同じルーツのはずだが、今は直接の関係にないという。牛めしは並盛セットで５３０円と、値段も一緒。両店とも他の定食メニューも充実している。居酒屋のほうが黒くなるまで煮込んだ豆腐の存在感が強烈で、単品メニューには牛皿も肉豆腐もある。

また、「吉野家」の牛鍋丼は「かめちゃぼ」系牛めしの面影を留める一品と言えるだろう。味つけや盛りつけなどは洗練されていて、「げんき」ほどのワイルドさはないのだが、時々、あの味の染みた豆腐や糸こんにゃくとともに飯をかき込みたくなるのである。

大盛り　今や蕎麦屋に生まれ変わった「つゆ」のたつや

新宿南口の**「たつや」**の牛丼（並盛280円。卵に味噌汁、お新香がついた定食で380円）には、豆腐が入っており、「かめちゃぼ」系牛めしに近いだろうか。もっとも、「たつや」といえば、350円也の〈開花丼〉が名物だ。普通の開化丼は豚を使うが、ここのは牛丼がベースで、それを玉子でとじている。カツ丼も350円と、学食より安い。かつ牛丼が450円、親子丼が350円とどれも安い。新メニューである焼き鳥丼風のとり丼も刻み海苔が散らしてあり、おつまみ珍味風？の見た目と味で、期待を裏切らなかった。

「素晴らしき哉、たつや！」と言いたいところだが、今ではここ、新宿南口の場外馬券場近くの一軒しか残っていない。「なぜだ？」と義憤に駆られたぼくは、神保町にある同社本部に問い合わせた。以下、ぼくと電話に出た本部長さんとのやり取り。

本部長「白山通りに『桂庵《けいあん》』という蕎麦屋があるのをご存知ですか？」

ぼく「ええ、銀座店などよく利用します」

本部長「そうですか、ご贔屓《ひいき》ありがとうございます。で、大体の『たつや』は『桂

庵』にリニューアルしたんです」

ぼく「ああ、だから丼物セットが安くて充実してるんですね～」

そうだ、たしかに「桂庵」のセット物はヘタな立ち食いより安い。もりか温かいたぬきの小がついたカツ丼が７００円、あさり丼が６５０円、しかもそのいずれかが日替わりで50円引きになる（銀座店の場合）。そして、もり蕎麦はキリッと締まっていて、辛めのつゆがなかなかうまい。

かの「吉牛」も一部の店舗で蕎麦を提供しているが、赤坂、銀座、水道橋の「たつや」は何年か前から徐々に「桂庵」に切り替わっていた、というわけだ。まあ、それはそれとして、新宿の「たつや」には、この先も最後の砦を守ってほしい。

牛丼＋カレーのコラボの元祖はどこだ？

さて、東京のマイナー系牛丼チェーンは、他にどこがあるか？　まず**「神戸らんぷ亭」**が浮かんだが、東京に21店あるからマイナーとは言い切れないか……（店名とは裏腹に関西発ではなく、出店もない）。メニューにはハンバーグ定食やさばみそ煮定食などもあり、塩牛丼や牛ハイカラとじ丼（牛と油揚げ入りの玉子丼）がBグル愛好家の心をくすぐる。

「らんぷ亭」のお楽しみは、サラダにかけるドレッシングが、学食でおなじみ業務用大手のケンコーマヨネーズ製「神戸壱番館」シリーズであること。洗練された風味を持つこのドレッシングは、ほとんど小売りをしていないから、通販で購入するしかない。だから「らんぷ亭」では、同じ150円追加するなら、味噌汁がつく浅漬けセットでなく、サラダセットを頼みたい。

思い出した！　マイナー系といえば、安い牛丼の代名詞（最安値は2004年2月頃の並200円）だった**「牛丼太郎」**だ。かつては都内に13軒あったが、今は代々木、西新宿、野方、茗荷谷、中野、蓮沼の6店舗を残すのみとなった。代々木店はいまだに立ち食いである。

実はぼくが足繁く通ったのは、同チェーンから暖簾分けした、新宿思い出横丁の「牛若家」。99年の火災で残念ながら閉店してしまったが、ともかく安く、時間のない時にサクッと食うのに最適だった。この横丁には、今は焼きとん屋などの飲み屋ばかりが並んでいるが、以前はどちらかと言えば食堂が多く、今は京王モールに移転した**「カレーハウス11**（イレブン）**イマサ」**のような、ちょっと個性的なスタンドカレーなどが人気を集め、Bグル愛好家のオアシスみたいなエリアだった。「牛若家」があったのは、ちょうど青梅街道側の出口、今は「松屋」がある場所。ここは長らく牛丼屋が占めており、その昔は東京で新橋に次いで売り上げたという「吉野家新宿西口店」があり、その前は、居酒屋チェーンの「養老乃瀧」が昼間に伝説の〈養老牛丼〉を出していた。当時（1980年代初頭）、同社は「吉野家」最大のライバルと目され、夜は居酒屋、昼は牛丼の二毛作経営を一部フランチャイズで打ち出していたのだった。

その「養老牛丼」も「牛若家」も味に関してはすでに記憶が薄れているのだが、やや濃いめのつゆに〝味覚的な満腹感〟を与えられていた気がする。あの懐かしい養老牛丼をもう一度味わってみたい。

大井町駅前にある**「牛八《ぎゅうはち》」**は、かつて牛友チェーンとして多店舗展開したうちの最後の生き残り。「牛友チェーン」は、牛丼カレーというカレーと牛丼のあいがけ、松屋で言う〝カレギュウ〟の元祖として知られている。学芸大学や桜台、中野など都内の各地にあり、溝の口や元住吉など神奈川にも進出していたが、今では大井町のみになってしまった。それも名前も変えて。

大井町の「牛八」がまだ「牛友」を名乗っていた頃、やはり今はなき名画座「大井ロマン」「大井武蔵野館」で2本立てか3本立てを観た帰りによく通った（懐に余裕がある時は、現在も行列健在の「永楽」でワンタンメン）。その当時から食べていたのが、この店の名物であるスタミナカレーだ（現在は中盛りで620円）。ふんだんに投入されたトマトピューレーで酸味を帯びた黄色いカレーに、甘辛く味付けされた大量の豚肉と玉ねぎが乗り、見た目は最高にワイルド。これぞBグル！　という強い個性を感じる一皿だ。

「牛友チェーン」と並んで、かつて都内の神奈川寄りのエリアに多く出店していたのが**「どん亭」**。今は首都圏では新城と高津のいずれも神奈川の2店舗を残すのみだが、なぜか沖縄の那覇に5店舗あって、ゆし豆腐定食などを限定で展開している。「ゆし豆腐」とはおぼろ豆腐のことで、沖縄では出汁で温めて食べる。

経営元の富士達（横浜市）は「七輪焼肉 安安」を全国で110店も直営し、そちらはみなさん一度は目にしたことがあるだろう。その創業は1982年、大井町に「どん亭1号店」を出店したことに始まる。牛丼とカツカレーの合い盛〈コンボ丼〉600円という、早稲田の「三品食堂」のような組み合わせが食べられる稀有なチェーンでもある。

都内では九段下に1軒を残すのみの**「牛丼専門店 げんき家《や》」**も、かつて那覇にフランチャイズ展開していたが、今は泉崎にあるだけ。

大盛り

牛丼＋カレーのコラボの元祖はどこだ？

煮込みがウリの店で、これを丼にかけて出すところがある。きっとお客の誰かが、うまそうな香りをまき散らしてぐつぐつ煮える大鍋の中味を、飯にかけてくれ、と頼んだことから始まったのだろう。その気持ち、すごくよくわかる。

たとえば、築地場外の**「きつねや」**は、ホルモン煮（600円）を肴に朝酒・昼酒が楽しめる貴重なお店だが、そのホルモン煮をご飯にかけたホルモン丼（800円）が名物。昼時になると、多くの客がこれを目当てに列をなす。

牛丼（630円）もあるが、ぼくもここに来るたび、多分にもれずホルモン丼のほうを頼んでしまう。だから、ホルモン丼と牛丼の合いがけがあればいいな、とつねづね思っている。それぞれ単品（牛丼にかかるのは肉どうふで、ホルモン煮と同じく600円）に飯（並220円）を頼むと、計1420円とちょっとしたランチコース並みになる（濃厚なので生卵50円も欠かせない）し、だいたいいっぺんに両方を一人前食べるのは、四十男の胃袋には少々キツいのだ。

個人的な要望はさておき、ホルモン煮は八丁味噌仕立てだが、大阪のどて焼（名古屋はどて煮）と違い、甘みより渋みが強く東京人好みのテイスト。甘みのほうは、良質のシマチョウ（大腸）の脂からジュワッと出てくる。一方の肉豆腐は、ホロホロになるまで煮込んだ肉から出てくるエキスを吸った豆腐が、コップ酒に実によく合う。もちろん、ごはんに乗せて牛丼にしてもうまい。

コップ酒に合うというと、浅草の通称〝煮込みストリート〟の良心とも言える**「正《しょう》ちゃん」**の牛煮込み（４５０円）。こちらは牛すじ使用で、西日本ではおでん種としてポピュラーな牛すじも、関東ではあまり食べることがない。そんな牛すじのうまさを再認識させられる一品だ。

この牛すじの煮込みをご飯にかけた牛めしが５００円也。ここでは客の誰もが条件反射的に煮込みを頼むが、たまにはそこを禁欲的にグッと我慢し、酒のつまみは他の品にして、シメに牛めしを心ゆくまで味わうというのも、Ｂグル道の正しいあり方と信じる。

創業60年を数える老舗で、煮汁を代々つぎ足しつぎ足ししており、見た目こそどす黒いが、味は案外すっきり。豆腐は箸を当てるとふわりと崩れる絹ごしだが、ここでもその存在感は大きい。東京牛丼の真価は、やはり牛の出汁を吸った豆腐にあり！と言い切ってしまおう。

牛と豆腐は別建てというこだわりの牛皿を出すのが、Ｂグルマニアの間で〝牛丼の聖地〟と謳われる秋葉原の**「サンボ」**だ（携帯ＮＧなど店内での禁止事項が多く、その禁忌性ゆえに神格化されている）。通常の牛丼（並４００円）には豆腐が乗らないが、お皿に肉とは別に、煮込んだ豆腐と白滝が添えられる（ご飯つきで４５０円、さらに肉増の牛皿で６５０円）。豆腐は形崩れもなく、きれいな見栄え。肉やご飯の量、全体に優しい味つけなど、いろいろな意味で吉牛「牛鍋丼」のハイグレード版だ。ともかくも、この別皿の豆腐が、「サンボ」もまた〝かめちゃぼ系〟牛丼の後継者であることを控えめに主張するのだった。

晩メシいらずの満腹ロメスパ

〝ロメスパ〟もまた、ビッグバンを迎えつつある麺食の一トレンドだ。もともと立ち食い蕎麦や屋台のラーメン屋などを〝ロメン（路傍の麺屋）〟と一部で呼んだのが転用され、そのスパゲッティ版で〝ロメスパ〟。

パスタなどと洒落た言い方はできない、デュラムセモリナ粉より一般の小麦粉主体の乾麺をあらかじめ茹で置きし、注文ごとにソテーして温め、具材を加えて味つけするかミートなどのソースをかける。それは、給食で食べたスパゲッティにも近い。いわゆる喫茶ナポ（喫茶店のナポリタン）同様のケチャップ味がメインで、玉ねぎやピーマン、赤ウインナなどの安ソーセージやプレスハムと炒めるのが定番だ。

しかし、有楽町の「ジャポネ」のように、ケチャップでなく醤油や塩で調味している場合もある。また、必ずしも炒め麺でなく、茹で上げて明太子和えをしても、麺がアルデンテやオリーブオイルまみれでなければロメスパと呼ばれる。ただし、それらの店の多くは立ち食いでもなければ、路上に面してもいないのだが……。

1時間待っても食べたい〈ジャリコ〉

平日の12時20分。ところは銀座インズ3の**「ジャポネ」**。1階にあるこの店を取り巻く行列は、とても午後の仕事始めまでに収まりそうもない。その数およそ50名。最前列に近い人に待ち時間を聞くと、40分だと笑っていた。通路にコの字型のカウンターがあって約15席ほど。その中の厨房で2名のスタッフが次々にオーダーをこなし、むんずとわしづかみにした茹で麺を巨大なフライパンに放り込み、小気味よく煽る。ひっきりなしに客が訪れ、まさに戦場の様相だが、ここの調理人はいつも慌てず騒がず泰然としているのが素敵だ。気だてのよい店長の人使いの巧みさが表れている。

同店で客の7割方が注文するメニューが〈ジャリコ〉だ。醤油味の〈ジャポネ〉と洋風で塩味の〈バジリコ〉の合体版だが、まさに両方のいいとこ取り。海老、肉、小松菜、青じそ、玉ねぎ、トマト、椎茸など豊富な具と、大量のマーガリンで炒まった太麺スパはしっかり醤油味をまとい、得もいわれぬ香ばしさだ。このもっちりとした自慢の麺は、明星食品に特注しているらしい。

ここの盛りは、レギュラー（＝並）→ジャンボ→横綱とスケールアップするのだが、横綱となるとわが目を疑う。実はこの先に親方、理事長、さらにその上には「おかみさん」あるいは「横綱審議会」と常連間で呼ばれる裏ランクがあるようで、それぞれ前の階級を制覇していることがオーダーの条件とか。麺の量だが、レギュラー（350g）、ジャンボ（560g）、横綱（720g）、親方（900g）、理事長（1100g）……。

この「ジャポネ」の全メニュー制覇は、多くのBグル党の夢だろう。悲しいかな、堪え性のないぼくは毎度あの行列に加わるガッツを持ち合わせていない。大体、この店では醤油味と決めてかかっていて、ザーサイの加減がいいらしいチャイナ塩味も、550円でわりが合うのかと疑問に思うほどの大量に乗った明太子も、ナポリタンすら食べたことがない。いつか涼しい顔をして、スパに目もくれずカレーライスを食べてみたいのだが……。

創業すでに30余年。カウンターに座るだけで昭和ノスタルジーに浸れ、食べ盛りの頃の食欲を取り戻す、Bグルの理想郷をこの店に見出す人は多い。最近では女性もよく並んでおり、それだけ万民の舌を満足させていることがわかる。本当によくできた、まさにBグルのお手本といえる店だ。

洗練された季節メニューが魅力の「リトル小岩井」

さて、「ジャポネ」とくれば、お次は大手町ビルの**「リトル小岩井」**。メニューの基本構成は似ているが、けっこう入れ替えがある。ぼくが行ったときはナポリタン、ジャポネ、イタリアン、アラビアータ、塩ベジタブルが510円で、醤油バジリコ、タラコ、きのこバター、キーマカレー、それに季節のお薦めが560円。月替わりのお薦めは、かに玉、チンジャオロース、海老チリと中華系が多い気がするが、春野菜とチョリソ、しらすと高菜もあれば、秋鮭のトマトソースだったりと、変幻自在だ。

小体なお店ゆえに、ここも行列必至。店頭では調理パンも売っており、こちらにはOLさんが群れを成す。ナポリタンをコッペパンに挟んだ〈ナポドッ

店頭販売のサンドイッチも安くてうまく、二手に分かれる行列は昼時の大手町ビルの風物詩だ

グ〉（当然麺がギッチリ）、厚めのイギリスパンで作ったジューシーなコンビーフサンドが人気だが、チーズオムレットトーストもアメリカンなお味がグーだ。いずれも200円前後で、朝食ならひとつ食べれば充分な量。ぼくはこのパンが好きで、スパゲッティのレギュラーサイズにつけ合わせたいのだが、誰もそんな給食のプレートじみた食べ方をしていない。というのも、空腹なら50円でスパゲッティを倍近く増量することができるからだ。

こちらで定番といえば〈イタリアン〉か〈ジャポネ〉だろうか。ナポリタンのケチャップ抜きに小エビが加わったのが前者、それがにんにく醤油味になってベーコンが豚肉とチェンジしたのが後者。

さて、写真は〈ジャポネ〉の並。具はマッシュルーム、玉ねぎ、ピーマン、豚肉で、麺はご覧の通り、銀座インズ3の「ジャポネ」よりも

ジャポネとともに出てくる付属のサラダ（キャベツ酢漬け）が舌をさっぱりさせてくれる

太い。

この大手町～有楽町の2大ロメスパとはやや異なる立ち位置で、独自の道を行くのが虎ノ門の**「ハングリータイガー」**だ。霞ヶ関界隈のBグル人にとっては、こちらの名物〈ダニエル〉（なぜそう呼ぶのか謎だが）は避けて通れない関門らしい。神奈川県在住の人には同名のハンバーグチェーンのほうがおなじみかもしれないが、そことは無関係。

炒めたベーコン、ハム、玉ねぎ、フレッシュマッシュルームに半熟気味のスクランブルエッグが絡みつく。オリーブ油にバターも加わったオイリーさで、それが太麺を滑らかにすすらせる。カルボナーラの生クリーム抜きといった趣だが、イタリアでも幅広麺のタリアテッレを使い、生クリームは入れずにカルボナーラを作ることもあるらしいから、意外とオリジンに忠実なのかも。

他に店内では客の注文時、「ペスカコンバジ～！」というかけ声がスタッフ間で飛び交う。これは、同じく人気メニューの〈ペスカトーレ&バジリコ〉（1200円）のこと。イタリア語でandやwithはconだから、そう呼ぶのだろう。脇から見ると、和えたバジルの量が半端じゃなかった。

硬派サラリーマンの胃袋が支持するロメスパ

しかし、この虎ノ門〜新橋ラインのロメスパ依存度はどうだろう？　やはりオヤジリーマン及びその予備軍で昼の人口構成ができあがっているからか。

1885（明治18）年創業という、ニュー新橋ビル1階の**「むさしや」**でも、巨大オムライスとナポリタンが二枚看板だ。以前は、ハンバーグ丼などの丼類にカレー、焼きそばや炒め飯系統と、毎日通っても全メニュー制覇にひと月以上かかるほどだったが、徐々に整理されて今は半減。この2皿にありつくため、8人がけのカウンターに客が殺到する。昼時ともなるとやはり長蛇の列ができる。

ここのスパゲッティ類はどれもハムっぽいベーコンに玉ねぎ、ピーマン入り。ナポリタンは極めて正統的なケチャップオンリーの味わいで、かつものすごい量である。だからこそ、湯のみに入った味噌汁がつくのが妙に嬉しい。麺はよそに比べてもやわらかく、ねっとりとケチャップがまとわりついていて、粉チーズとタバスコを大いに活かす。

そして、このニュー新橋ビルを2階に上がると、中国マッサージ店が居並ぶ中に**「喫**

茶室 POWA」がある。ここのナポリタンは細麺で、しっかり火が通り、適度に焦げ目がついているところがまたオツだ。ソースもしっかり絡まって、はね飛びの心配もない。

そして、生麺系でも〝ごん太もっちり〟にこだわるのが東中野の**「モーゼ」**。和食スパのさきがけといってもいい。ここのあさりスープに浸されたスパゲッティは二日酔いでもするりと胃袋に入る癒し系。またここの麺は、ひきわり納豆をトッピングしてもなぜか負けない。明太子の舌触りもシルキーでたまらない。

目黒の**「ダン」**も明太スパでは有名で、木の皿に盛られたそれには、なぜかたくあんがつく。「モーゼ」はよりは麺がうどん的だが、これが明太には合う！　女性が好きそうな味だからB級ではない？　それは言いっこなし！

ロメスパニューウェーブを調査する

さあ、これら歴史あるロメスパに追いつけ追い越せと、新規参入店が後を絶たない。イタめしチェーンの「カプリチョーザ」も、**「ロメスパ バルボア」**を虎ノ門、日本橋室町、五反田に展開している。メニューはしょうゆキノコ、塩バジリコ、ナポリタンの並が500円。明太子、ミートソース、ぼっかけ（牛筋煮込み）の並が550円。量に応じて価格が変わり、大盛り、特盛り、メガ盛りがある。提供スタイルもサービスの様式も「ジャポネ」に似ている。

ロメスパの聖地・虎ノ門には**「焼きスパゲッチ ミスターハングリー」**もあり、マニアのハートをすでにがっちりつかんでいる。アメリカナイズされた店内は清潔で、女性も入りやすい。スパイシーチキンやサラダ類、スープなどのサイドオーダーも充実し、ビールやワイン（ミニボトル）が飲めるのが嬉しい。

キャベツの酢漬けつき及び別盛り（60円）、月替わりのお薦めがある点は「リトル小岩井」に似ている。基本メニューはナポリタン、醤油バジリコ、塩バジリコ、イタリアン、タラコ、キーマカレー、ミート、きのこバター醤油で、どれも並は490円。そして大盛りは100円増しだ。

トライしたのは〈醤油バジリコ〉。麺は太くてむっちり。豚肉、玉ねぎ、ピーマン、マッシュルーム、大葉、トマトがこんがり炒められ、にんにくの風味がいい。

浅草の外れにある**「スパゲッティストア カルボ」**も、王道の味をモダンに再生させようとしている。

酒も提供し、リラックスした夕食にも使える造り。店名同様のカルボにナポリ、ミカド（和風醤油味）、これに月限定メニューが加わる。サイズは並か大が選べ、どちらも６５０円、小盛りは50円引き、〈特〉が８００円で〈山〉が１０００円だ。

〈カルボ〉の大を試した。やや粘度は低いが、正統的なクリーム入りソース和えで、玉ねぎの甘味が強く出ており、ベーコンとマッシュルームを細かく刻み入れて存在感を中和させている。途中で粉チーズとミルで引いた黒胡椒を加え、最後には特製ソース（にんにく醤油）を垂らすと、違う味が楽しめる。

これらとは別系統で、ひたすら量を追求しているのが**「パンチョ」**。２００９年に渋谷道玄坂に1号店が開業、その後、御徒町や池袋にも進出し、同じ渋谷の宇田川町に2号店もできた破竹の勢いのメガスパ屋だ。なぜかスペイン語の店名であるところが面白い。

メニューはナポリタンとミートソースのみ。小・並・大ともに６５０円の価格設定。ハンバーグや厚切りベーコンや目玉焼きなどのトッピングという今後とも追随する店の増えそうなスタイルを確立している。ぼくは、ここで年甲斐もなくナポリタンの大盛り６００ｇ（並で４００ｇ）に挑戦。券売機に貼ってある「大盛りを頼むなら残すな！」という警告がプレッシャーになったが、息切れしながらも、最後はなんとか食べきった。その上の兄貴（900g）、番長（1200g）、星人（1500g）に辿り着ける日は永遠に来ないだろう。

不思議に、ミートソース大盛りは比較的楽にこなせた。こちらは半熟の目玉焼きを乗せて、適宜絡めて食べるのがお薦めだ。80円でドリンクバーつきというのも驚き。

同店に似たスタイルのお店が、高田馬場に2011年1月にできた**「デカ盛り★ナポリタン 東京スパゲッチ」**。赤白ギンガムのテーブルクロスまでそっくりだ。居酒屋の「東方見聞録」や「月の雫」などを展開する三光マーケティングフーズが経営母体で、1階にも同系列のうどん店「楽釜製麺所」が入っている。

麺の量は250g、300g、450g、600gまでは同一料金（580円）。ここにはプチサイズ（480円）もある。味はナポリタン、しょうゆ、ガーリックの3種で、基本の具はソーセージ、玉ねぎ、しいたけ、ピーマン。トッピングはとんかつや唐揚げまであって豊富だ。ここは券売機に『お残しは許しまへんでぇ』となぜか関西弁でやんわり牽制。それでも大に挑戦してみた。

チョイスしたのはガーリックで、そこに唐揚げをトッピング。同店はアルコール類

ロメスパ てんこ盛り表

各店の盛りの量を一覧で並べてみたが、原材料や味は考慮に入れていない。この先は実食し、価格相応かの判断を願う。

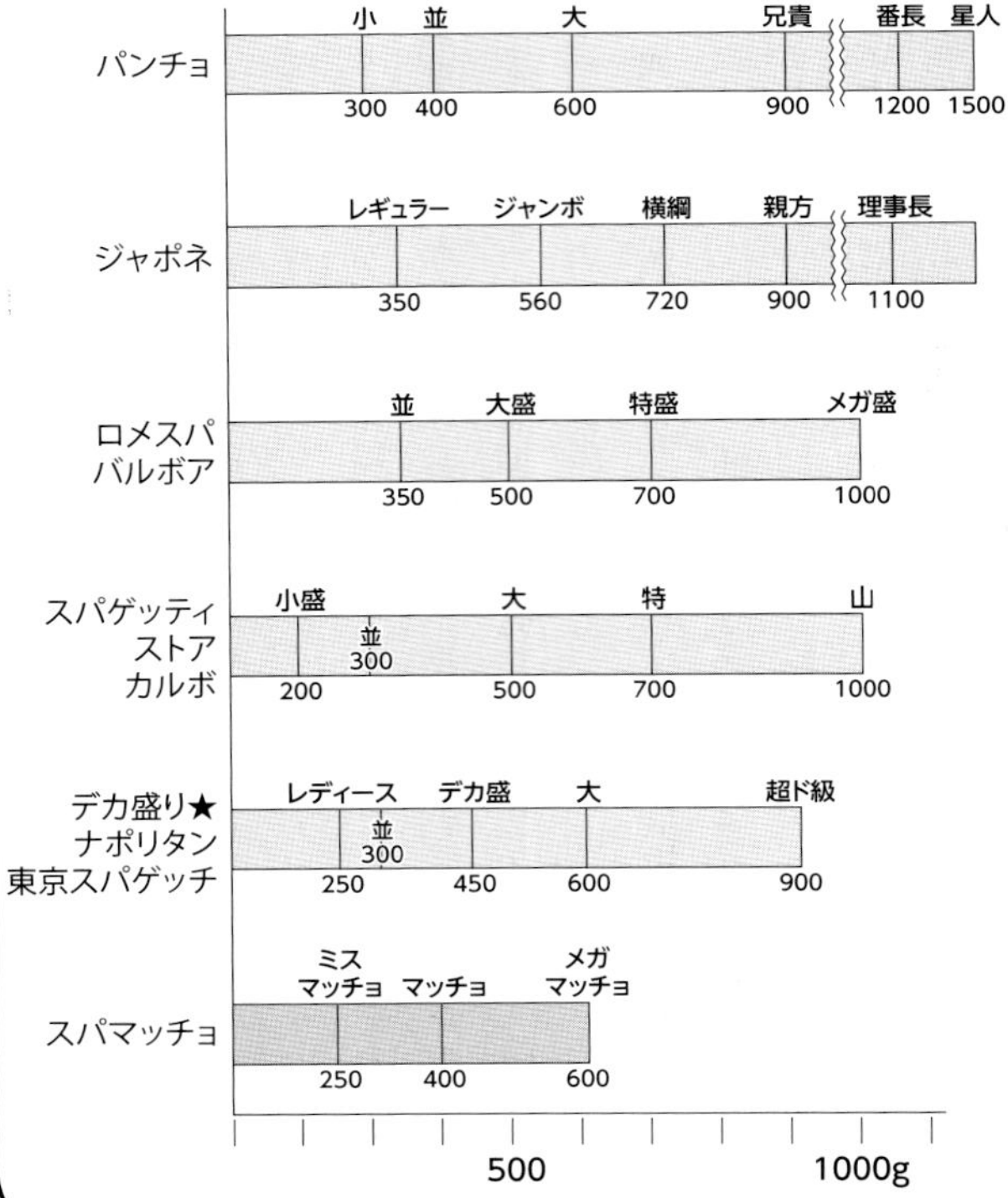

をはじめ、ソフトドリンクも置いていないのが残念。元来、焼き麺系にはビールを条件反射的に欲しくなる体質で……。

渋谷に戻って、2011年8月にできたばかりの**「スパマッチョ」**も、マッチョ（400g）とメガマッチョ（600g）が同じ650円。250gのミスマッチョは550円である。味はナポリタン、ミート、醤油バターが基本だが、限定物に弱いぼくは期間限定の〈ペペマッチョ〉を注文した。〈ペペロンチーニ風ペスカトーレ〉で「ペペ」なのでありましょう。そこにダブル半熟卵100円をトッピング。店員さんに塩（本当は醤油がよかったが）も持ってきてもらい、ちょこちょこ潰しては釜玉風にして完食。後で胃もたれがするかなと思いきや、これが意外と平気。他店より気持ちアルデンテな茹で加減のせいか。ともかくメガ盛り系では一歩抜きん出た存在と見た。

新橋という町は昭和レトロ喫茶の巣窟で、ニュー新橋ビルの「POWA」をはじめ、地下の**「喫茶フジ」**、駅を挟んだ新橋ビルには**「ポンヌフ」**（正式名称は「カフェテラス」が前につく）と、食事をガッツリ取れるサテンが多い。

「ポンヌフ」のハンバーグスパゲッティーが与える満足感は、捨てがたい。ことに粗めの玉ねぎの舌触りが好ましいやわらかめのハンバーグが崩れ、肉汁とともに麺に絡んでくる感じがたまらない。

ここで少しだけ〝喫茶ナポ〟の話をしておこう。ぼくにはロメスパよりもこちらのほうがメガ盛りという印象が強い。神保町の**「さぼうる2」**、江古田の**「パーラーTOKI」「カフェテラス本郷」**など、それぞれ学生街にあるので、サービス精神が〝盛り〟に表れているのだろう。

「さぼうる2」はお隣の本店ほどでないにせよ、独特の落ち着いた暗がりの中、どかんと山盛りの皿を置かれるギャップといったらない。ケチャップまみれのこんもり小山を眺めていると、心にポッと赤い火が灯るという感じだ。

「パーラーTOKI」のナポリタンは玉ねぎのみじん切りを麺とともに炒め、上にコーンとむきエビがちょこんと乗る（ミートソースも同様）。が、この愛らしい見てくれにダマされてはいけない。並（580円）で充分大盛の量はある。170円でカツやコロッケ、魚フライ、ウィンナを追加でき、フライにはキャベツが添えられ別皿で出てくる。

「カフェテラス本郷」はほとんどのメニューに大盛り設定があり、通常の皿より二回りくらい大きな皿で出てくる。具材は麺と同じくらいのボリュームで、エビも入っている。東京ではなかなか出合えない金沢名物ハントンライスもメニューにあったはずだが、未食である。

なお、水道橋には**「フラミンゴ」**という、ロメスパとは趣の違う、細麺のソースがけ（豆板醤入りの中華風ミートソースがウリ）をともかく膨大な量食べさせてくれる喫茶店がある。

このように、喫茶店の食事メニューはBグルの宝庫である。生姜焼きやピラフ類など、いずれ機会があったら集中的に回ってみたい。

おわりに

本書の企画が始まったのは、もう10数年のつき合いになる光文社新書編集長の森岡純一さんと、某週刊誌で一緒に仕事をしていたときだった。80年代半ばから90年代初頭にかけ、冒頭でも触れた文藝春秋の里見真三氏が手がけた、同社のビジュアル文庫の「B級グルメ」シリーズを互いに愛読しており、いつかそんな本が作りたいと語り合っていた。そして昨年の2010年秋、「いよいよやってみないか」と改めて声をかけてくれたのだ。

本書の成立に際し、主要な取材の大半に同行してくれたカメラマンの明石雄介さん、雑誌のように盛りだくさんなレイアウトにするべく大奮闘してくれたデザイナーの宮崎貴宏さん、先の森岡さんと並んで大変な心労をかけた編集部の三野知里さんにはことに感謝したい。また、その他多くの友人の胃袋もわずらわせたが、みなさんの理解と協力がなければ、世に出ることのなかった本だ。

またこの先も、彼らとは大いに食べかつ語りたいものである。

鈴木隆祐

参考文献

安西水丸『大衆食堂へ行こう』朝日新聞出版　2006
遠藤哲夫『大衆食堂パラダイス!』筑摩書房　2011
遠藤哲夫『汁かけめし快食學』筑摩書房　2004
遠藤哲夫・大衆食の会『大衆食堂の研究―東京ジャンクライフ』三一書房　1995
岡田哲『とんかつの誕生―明治洋食事始め』講談社　2000
久住昌之・谷口ジロー『孤独のグルメ』扶桑社　2000
熊田忠雄『拙者は食えん!―サムライ洋食事始』新潮社　2011
さくらいよしえ・せんべろ委員会『東京★せんべろ食堂』メディアファクトリー　2010
なぎら健壱『絶滅食堂で逢いましょう―なぎら健壱が行く東京の酒場・食堂・喫茶店』徳間書店　2008
野沢一馬『大衆食堂』筑摩書房　2005
茂出木心護『洋食や』中央公論新社　2002
山路力也『トーキョーノスタルジックラーメン―懐かしの「東京ラーメン」完全ガイド』幹書房　2008
『ご当地B級グルメ〈2010〉―関東・伊豆・信州』日本出版社　2010
『絶品!　大人のB級グルメ 永久保存版』ベストセラーズ　2010
『B級グルメ決定版!　肉を極める!!』アスペクト　2010
『きたな美味い店　KITANATAURANT』扶桑社　2011
『全国B級グルメツーリング』エイ出版社　2010
『東京・横浜百年食堂―永い歴史を重ねる地元に愛される・味の食堂56軒』日本出版社　2011
『東京定食屋ブック』(散歩の達人ブックス―大人の自由時間)交通新聞社　2002
『ユリイカ』特集=B級グルメ　青土社　2011年9月号

※さくいんはP253からお読みください

場所	店名	最寄り駅	ページ
【東京都23区内】			
荒川区	光栄軒	荒川区役所前	66
	シゲちゃん	荒川遊園地	66
	ふく扇	荒川遊園地	64
	小林	町屋	65
	餃子専門さかい食品	三ノ輪橋	67
	小さなピザ屋	宮ノ前	64
板橋区	白樺	板橋区役所	133
	オオタニ	大山	32
大田区	ホクエツ	梅屋敷	37
	満福	大森海岸	186
	石川家食堂	蒲田	186
	ビスタホテル蒲田	蒲田	53
葛飾区	やまぐちさん	青砥	26
	えびす屋食堂	立石	75
	倉井ストアー	立石	79
	洋食工房ヒロ	立石	38
	蘭州	立石	187
北区	ハトポッポ	赤羽	179
	三忠食堂	赤羽	74
	洋食いしだ	赤羽	54
	ゴリノス	飛鳥山	64
	同花	王子	65
	味の大番	十条	92
	みのや	東十条	136
江東区	実用洋食　七福	清澄白河	22
	洋食・中華　ことぶき	清澄白河	26
	丸惣	新木場	79
	小古食堂	東陽町	27
	宝家	東陽町	168
	トナリ	東陽町	169
	来々軒	東陽町	164
	キッチンまつむら	門前仲町	43
品川区	樹利	青物横丁	182
	牛八	大井町	228
	とんかつ美竹	大井町	143
	日本橋	大井町	74
	ブルドック	大井町	18
	スワチカ	五反田	54
	梅林	五反田	179
	とんたん	戸越銀座	133
	さんきち	武蔵小山	46
	ダン	目黒	240
	ホップワン	目黒	54
渋谷区	イチバン	恵比寿	49
渋谷区	こづち	恵比寿	79
	コニシ	恵比寿	46
	チャモロ	恵比寿	31
	洋食屋 マック	笹塚	37
	ロビン	笹塚	52
	喜楽	渋谷	170
	故宮	渋谷	101
	桜ん坊	渋谷	193
	スパマッチョ	渋谷	245
	仙台や	渋谷	187
	とりかつ	渋谷	140
	長崎	渋谷	192
	長崎飯店	渋谷	192
	はしばやん	渋谷	193
	パンチョ	渋谷	242
	ひの家	渋谷	133
	豚丸	渋谷	133
	ラーメンとスタミナ丼の店 直成	渋谷	133
	フラヌール	神泉	134
	千	原宿	101
	つくも	原宿	194
	ハチロー	広尾	27
	ソルタナ	南新宿	31
新宿区	日の出	大久保	186
	レストラン香港	落合南長崎	56
	たつや	新宿	225
	とん竹	新宿	140
	豚珍館	新宿	140
	ひょっとこ	新宿	87
	王ろじ	新宿三丁目	140
	ビフテキ家あづま	新宿三丁目	52
	デカ盛★ナポリタン東京スパゲッチ	高田馬場	243
	とん久	高田馬場	141
	とん太	高田馬場	141
	まるしん	西新宿	186
	嘉賓	四谷	120
	稲草園	四谷	120
	バンビ 四谷店	四谷	120
	インドール	飯田橋	120
	えぞ松　神楽坂店	飯田橋	122
	大野屋	飯田橋	124
	御食事処　三ツ村	早稲田	115
	お食事ライフ	早稲田	113
	キッチン オトボケ	早稲田	112

◎カバー料理写真（右上から順に）
「中村屋」合いの子
「坂本屋」カツ丼
「田中食堂」ウィンナー
「ホップワン」トルコライススペシャル
「長崎菜館」ちゃんぽん
「淡淡」焼肉丼
「大正軒」ハムカツ

その他、本書で紹介させていただきました
すべてのお店に、心より感謝いたします。

知恵の森

KOBUNSHA

東京《とうきょう》B級《きゅう》グルメ放浪記《ほうろうき》

知《し》られざる名店《めいてん》を探《さが》せ！

著　者 ── 鈴木隆祐（すずき りゅうすけ）

2011年　11月20日　初版1刷発行

発行者 ── 丸山弘順

組　版 ── 萩原印刷

印刷所 ── 萩原印刷

製本所 ── ナショナル製本

発行所 ── 株式会社 光文社

東京都文京区音羽1-16-6 〒112-8011

電　話 ── 編集部(03)5395-8282

書籍販売部(03)5395-8113

業務部(03)5395-8125

メール ── chie@kobunsha.com

ISBN978-4-334-78592-5　Printed in Japan
